U0623773

孩子聪明
的秘诀

刘荣才 邱贵珍 主编

广西科学技术出版社

图书在版编目（CIP）数据

孩子聪明的秘诀/刘荣才，邱贵珍主编．— 南宁：广西科学技术出版社，2012.8（2019.11重印）

ISBN 978-7-80565-139-2

Ⅰ．①孩… Ⅱ．①刘… ②邱… Ⅲ．①婴幼儿—智力开发 Ⅳ．① G610

中国版本图书馆 CIP 数据核字（2012）第 195332 号

孩子聪明的秘诀
HAIZI CONGMING DE MIJUE

刘荣才　邱贵珍　主编

责任编辑	罗煜涛	**封面设计**	叁壹明道
责任校对	陈业槐	**责任印制**	韦文印

出 版 人 卢培钊

出版发行 广西科学技术出版社

（南宁市东葛路 66 号　邮政编码 530023）

印　　刷 永清县晔盛亚胶印有限公司

（永清县工业区大良村西部　邮政编码 065600）

开　　本 700mm×950mm　1/16

印　　张 11

字　　数 142 千字

版次印次 2019 年 11 月第 1 版第 4 次

书　　号 ISBN 978-7-80565-139-2

定　　价 22.00 元

本书如有倒装缺页等问题，请与出版社联系调换。

前　言

一

由我负责指导拍摄的电视系列片《怎样使孩子聪明》（七集）先后在湖北电视台（1987年6月）和中央电视台（1987年8月）播放后，在社会上引起了强烈反响。有许多家长给我们来函，要求将此内容编写成书给他们学习；不少青年人就怎样才能生个聪明健壮的娃娃和如何开发孩子的智力、使孩子更聪明等方面也提了不少问题。在此，向这些热情支持和帮助我们的朋友表示衷心的感谢。

从广大观众来函所提及的问题来看，已大大超过《怎样使孩子聪明》电视系列片的内容和范围。为了能满足广大家长教孩子成才的迫切愿望，更好地让年轻家长都能从中得到一些启发和帮助，我们决定不再沿用电视系列片的名称，而把此书定名为《孩子聪明的秘诀》。这样，就可以使人们对孩子聪明的问题有一个全面、系统的了解，从而能真正科学地实行优生、优养、优教。

二

"聪明"是一个非常迷人的字眼。然而，"聪明"的奥秘在哪里？许多家长并不十分理解。有的信奉"命运"的安排，让孩子听其自然地发展；有的早在新婚之夜就筹划着宝宝的降临，编织着优生的美景；有的当孩子呱呱坠地之时就给予超负荷的刺激，拼命地摧芽拔苗。其实，聪明孩子并不是某一种因素决定的。孩子在先天和后天的各种复杂的主客观因素相互作用过程中不断地变化发展。在孩子从性细胞成熟之日起的整个生命旅程中，任何的失误都可以直接影响孩子聪明的程度。所以，我们要有正确科学的"聪明观"才能使孩子茁壮成长。

三

长期以来，不少家长对孩子是否聪明仅仅从读书识字方面来看，未能从孩子的各项活动中全面地考察。许多家长对于如何培养孩子聪明也只停留在幼儿园或上小学后如何辅导，而对胎儿期甚至受孕前的准备则从未考虑过。随着科学技术的进步、优生学的恢复和发展，人们才逐渐认识到，孩子的聪明是多方面形成的，要想使孩子更聪明，就应该从孕前做好准备。这样才能真正落实优生、优养、优教的人口政策，提高全民族的人口素质。因此，我们在探索孩子聪明的秘密时就首先应该从优生的角度来考虑，打破落后于时代的某些传统观念的束缚。

四

现在，有不少家长受追求升学率的影响，仅仅从知识学习和智力开发方面来训练孩子，以为这样就可以使孩子更聪明，孩子将来就一定可以成才了。其实不然，这是一种误解。孩子的聪明和成才固然与智力水平有关，但是，孩子的求知欲、好奇心、坚持性、自制力等非智力因素的心理品质却在很大程度上制约着孩子聪明才智的发展和成才的可能。因此，我们不能受当前"读大学才是唯一的出路"或其他重智轻德的错误思潮影响，导致在培养孩子方面误入歧途。否则，当您到了中老年后就后悔莫及了。因为中老年人最需要的是精神上的安慰与寄托，而儿女的成才则是中老年人最重要的精神慰藉与寄托，所以不要用狭窄的视角来理解"聪明"二字的含义。这里所讲的聪明的秘密并不局限在智力开发这个传统教育观念上，而是以现代心理科学中人的心理的整体性理论和教育理论中人的和谐发展为基础的。

五

本书尽可能多地总结了近几年国内外儿童心理与教育方面研究的最新成果，有通俗的理论、生动的事例和具体的教育方法。它不仅适合家长、幼教工作者阅读，而且也是高等师范院校教育专业、师范学校学生的有益参考书。

本书在编写过程中参阅了有关著作、文章和调查实验报告，在此对作者表示衷心感谢。

目　录

第一章　聪明不等于就会"读写算"

　　我们在谈论孩子是否聪明时，往往总是以孩子学习读写算的能力强不强为指标。使一些人产生一种错觉，认为要使孩子聪明，就只要他会读写算就行了。结果导致了不少家长在孩子的培养教育过程中出现种种失误，带来严重的不良后果，培养出一批"抱大的一代"或者称为"小皇帝"和"小公主"的孩子。所以，我们在谈论孩子聪明的秘诀时，首先要对聪明的含义有一个科学的全面的认识。

一　读写算仅仅是衡量孩子聪明的重要指标之一

　　我们的基础教育给孩子规定了初步掌握读写算能力的要求。这是作为一个独立的社会成员所具备的基本条件之一。一个人不会读写算，就难于和他人进行语言交流和活动往来。但是，作为一个合格的社会成员，仅仅要求学会读写算是很不够的。在孩子的社会化过程中，他除了学会基本的文化科学技术知识和生活技能外，还必须掌握社会道德行为规范，养成良好的行为习惯，能妥善解决现实生活中所碰到的各种问题。孩子只会读写算，而其它方面很差，不能算是一个健康发展的孩子，而是一个人格变态或心理异常的孩子。例如，浙江省江干区笕桥镇黄家小学三年级学生张毅（九岁）在学校里是班长，在少先队组织是中队长，同时又是一个学习尖子。可他仅仅因为没有得到两块糖果而轻率地结束了自己幼小的生命。事情经过如下：1988年2月2日上午，张毅所在学校各班级都在评选"三好学生"，张毅被评为"三好学生"，且全票通过。他的姐姐（该校五年级学生）所在班级在评三好学生时还同时举行了茶话会。中午，姐姐张萍将茶话会后分得的四块糖分给了弟弟两块；另两块准备留给妈妈。但是，张毅一定要姐姐将另外两块糖也给他。姐姐表示不同意，他便发了火，重重地踢了姐姐一脚，便独自上楼并关上了门。姐姐见弟弟生气，怕妈妈回来责怪，急忙招呼弟弟，叫他下楼拿糖，弟弟始终不开门。时隔不久，当人们找到钥匙打开门后，张毅已无力地靠在窗边，他的脖子上套着红领巾，红领巾的两端栓在窗框上。家人上前一摸，他已断了气。按传统观念看，张毅是个"学习尖子""三好学生"，是个聪明的孩子。可是，他因为两块糖果而上吊自杀，这又显得他太不聪明了，因为他没有学会如何关心别人，如何同他人分享幸福和快乐。这个事例充分说明，一个聪明的孩子不仅在他的文化科学知识的学习上即读写算等方面的成绩要好；还必须要会体贴别人，对自己的行为可能产生的后果能作出比较全面的分析，认清其是非好坏和利弊。如果不能从有利于自己的身心健康发展和社会规范要求方面去分析认识客观事物，它的一些行为后果往往比不了解一些读写算的知识所带来的危害还更为严重。张毅之死正是如此。所以，我们在讨论孩子聪明的问题时，首先应该明确读写算能力强仅仅是衡量孩子聪明的一个重要指标，但不是唯一的指标。

二 要妥善地解决现实生活中的实际问题 保持心理平衡是聪明的核心成分

我们教孩子学会读写算是为了让孩子掌握一定的生活、工作技能，以适应社会生活的要求。但是，人并不是一个消极地适应环境的动物，而是具有创造精神的智慧人，是在认识和改造环境过程中达到个体与环境的平衡。孩子也是如此，不能一天到晚就是埋头读书，对国内外大事不了解，对家庭的事情也不关心，不承担一些责任。如果孩子在这样的环境中生活，他长大以后，不说碰到复杂的困难他不能解决，就是自己的生活也难于自立。像这样的人能算是聪明人吗？将来又能指望他对社会有多大贡献呢？北京外语学院有位学习尖子，学校选派他出国留学。可是，他担心自己出国后没有妈妈在生活上照料而不能自理。因此得了"恐怖症"，他不得不休学治病。我们今天所培养的孩子，不应该是象旧社会里的那种只会死背书的秀才，而应该是既能学好文化课，又善于解决生活实际中碰到的种种问题的人。从另一个角度说，我们不仅要从学习读写算方面去开发孩子的智力，而且也必须从日常生活、劳动活动、社会交往等各个方面去锻炼孩子，发展孩子的聪明才智。我们明白了这一点，才可能用科学的方法使孩子得到全面和谐的发展，以适应现代科学技术迅速发展的新时代的要求。

3

第二章　讲究优生是孩子聪明的基本条件

　　人的聪明是遗传决定的，还是后天的环境教育影响所决定的？这个问题已经争论了近百年。后来通过大量的调查和实验研究，人们普遍都承认遗传是有作用的。

一　从湖南精子库"招标"的要求看遗传与智力

　　据不完全统计，目前我国至少有17个省市开展了人工授精，11个省市建立了精子库，仅北京地区就有16家以上不同级别的医疗单位开展了人工授精的试验工作。湖南医科大学生殖工程研究室创造了我国第一个精子库。

　　湖南精子库被誉为"中国试管婴儿的摇篮"。自1981年创建以来，它已为137例因丈夫遗传病或不育症的妇女做了冷冻精液人工授精，其中66例已怀孕，38例喜得贵子。但是，从建库以后的7年中，自愿提供精子的只有一位。因此，他们希望有条件的人都能参加"投标"。他们"招标"的条件是：①无遗传病史；②身高1.7米以上；③体格健壮；④五官端正；⑤最好是受过较高的教育，有较高的智商；尤其希望作家以及各种科学技术发明获得者为中国的生殖工程研究做点贡献。

我们从招标方面的条件中可以看出，要培育一个聪明、健壮的孩子，首先要有比较优秀的双亲。为了研究遗传的作用，美国的人类遗传学家已经在进行"诺贝尔婴儿"的实验研究，即将诺贝尔奖金获得者的精液冷冻后，供给需要生育孩子的妇女。第一个诺贝尔婴儿已经诞生取名多朗。多朗的母亲是一位博士、40多岁的临床心理学家。多朗的父亲是一位高大、英俊、金发碧眼的电脑科学家及古典音乐家，有完好的智慧齿。襁褓中的多朗是令人鼓舞的，他表现出明显的音乐天才，在19个月大时已经能够弹钢琴、打鼓和弹钟琴。他喜欢玩电脑游戏机，但现在却爱上艺术。现在诺贝尔婴儿已经5岁了，他的外表跟其他普通的小孩并无两样，但比较早熟。显然受娇纵，而且跟溺爱的母亲十分亲密。他自信、语言表达能力强，也很爱读书，做功课很认真。科学家们对他颇感兴趣。当他4个月时，加州大学儿童发展中心的医生们就对他进行不断的测验，结果是十分令人鼓舞的。但是，他母亲后来拒绝继续测验。她解释说："我不希望他觉得自己与众不同。"我们从这个事例中可以看出，多朗的母亲虽然是40多岁的高龄产妇，按理卵子已老化，有很大的可能生出畸形儿。但她自己的智慧基因和"诺贝尔精子"的优势却弥补了她高龄生理的缺陷，生了一个聪明的儿子。"诺贝尔精子库"创造出的这位超级智商儿童说明，遗传的作用是不容忽视的。

二 心理学家和生理学家关于遗传获得性的实验

有位学者用白鼠在迷宫中寻找食物的快慢为指标，把最快（聪明）和最慢（愚笨）的白鼠各选一组，分别交配繁殖了六代，在最后的第六代中，"愚笨组"的白鼠要比"聪明"的白鼠的错误多100%。见图1。

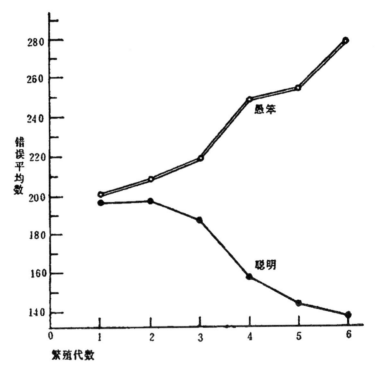

图1 连续数代经过选择性繁殖的"聪明"或"愚笨"血缘的老鼠在迷宫学习中所犯的错误。*

———————

* 引自 A. R Jensen：《我们能在多大程度上提高智商和学业成绩！》哈佛教育评论，39，1969冬季，第49页。版权属哈佛学院院长及研究员。

尽管动物研究不能为人类特性的遗传提供可靠的证据，但这些研究证明了这种遗传的可能性。我们从这个实验中可以推论出：聪明人与聪明人结婚，一般说来聪明的孩子要多一些。相反，痴呆与痴呆结婚，一般说来，痴呆的孩子要多些。我国在婚姻法中规定痴呆和有精神病的这类人不能生育，也就是为了防止再生出痴呆的下一代。这对国家、家庭和个人来说都是必要的。

　　苏联伟大的生理学家、条件反射学说的创始人巴甫洛夫也曾经用形成条件反射的速度作为指标，以白鼠为对象研究了遗传的作用。具体的方法是以白鼠训养成按铃声跑到指定的喂食地点。其实验结果见表1。

表1　白鼠遗传获得性的实验研究结果

白鼠的祖代数	养成习惯1（即形成条件反射）所需的训练次数
第一代	300 次
第二代	100 次
第三代	30 次
第四代	10 次
第五代	5 次

　　巴甫洛夫由于急于外出未能把实验继续做完。但是他认为，经过若干时间以后，白鼠以后的后代可以无须事先经过训练就能听到按铃声很快跑到喂食处去了。英国精神病学家麦克杜戈尔用家鼠做的类似实验也得出了相同的结果。

　　可见，如果我们能积极开展优生学研究，无疑对提高整个中华民族的人口素质具有巨大意义。

三 心理学家关于父母与子女智力相关方面的调查

美国遗传学家和心理学家斯特恩对智力缺陷儿童的家庭作过大量的调查，其结果见表2。

表2 儿童智力缺陷与家庭关系的调查结果

双亲的智力情况	子女的智力状况		
	智力正常或高于正常	智力有缺陷	智力低下
父母智力正常的人	72%	0	28%
父母一方智力低下	64%	3%	33%
父母双方智力低下	28%	15%	57%
一方缺陷一方低下	10%	35%	55%

日本有位专家也研究过双亲与子女之间的智力关系问题，其结果见表3。

表3 双亲与子女的智力相关调查结果

双亲的智力状况	子女的智力状况		
	优	中	差
优＋优	71.5%	25.5%	3%
优＋差	33.4%	42.9%	23.7%
中＋差	18.6%	66.9%	14.5%
差＋差	5.5%	34.4%	60.1%

我们从前面两份调查结果说明，双亲的智力状况与子女的智力状况的相关是较高的。因此，要想孩子更聪明，在选择配偶时就应该谨慎行事。尤其是在落后的边远农村地区，不仅要选择较为聪明的对象为配偶，而且还必须防止近亲结婚所造成的痴呆后代。

四　同卵双生子的奇异现象

在人类繁殖后代的过程中，约有 1.2% 的妇女怀的是双胞胎。其中，异卵双生（即两个卵子均得到受精而形成的双胎）占三分之二；同卵双生（一个受精卵分裂而形成的双胎）占三分之一。同卵双胎在遗传上则是相同的。因此，人们在研究遗传与环境的作用时，往往以同卵双生子为实验研究对象。研究结果说明，同卵双生儿比异卵双生儿在许多方面都有更大的一致性。见表4。

表4　同卵与异卵双生的生理与心理行为的比较分析

项目	同卵双生相同的百分比	异卵双生相同的百分比
头发颜色	89%	22%
眼睛颜色	99.6%	28%
血压	63%	36%
脉搏	56%	34%
麻疹	95%	87%
畸形足	32%	3%
糖尿病	84%	37%
肺结核	74%	28%
癫病（自发性）	72%	15%

9

续表

项目	同卵双生相同的百分比	异卵双生相同的百分比
小儿麻痹症	36%	6%
猩红热	64%	47%
佝偻病	88%	22%
胃癌	27%	4%
嗜烟	91%	65%
嗜酒	100%	86%
嗜咖啡	94%	79%
低能	94%	47%
精神分裂	80%	13%
狂郁症	77%	19%
伸舌样白痴	89%	7%
犯罪行为	68%	28%

我们从表4中与智力相关最大的两项（低能、伸舌样白痴）结果的比较中可以看出，同卵双生儿的一致性远远超过异卵双生儿。这也说明遗传有着重要作用。

为了进一步研究遗传在孩子出生后的作用，有人将同卵双生子从小就分离，放在环境不同的家庭中抚养，观察其后的各种行为表现之间的差异。例如，纽曼等人对19对同卵双生子分离抚养后，用斯坦福——比奈量表进行测验，发现同卵双生子之间的成绩相关系数相当高，平均为0.77。另一个53对同卵双生子分开抚养后的研究也说明，同卵双生子的智商相关系数为0.86。这就说明，遗传素质相同的同卵双生子虽然在不同的环境下长大，但其智商水平是极其相似的。这有力地证明遗传对智力有较大的影响。

五 防止遗传疾病对孩子的影响

据研究认为，现在的遗传性疾病已发现的有 3000 多种。几乎人体各个器官系统和组织都可能发生遗传性疾病和缺陷。从手指到心脏、从皮肤到骨骼均有遗传疾病。仅眼睛就有近 300 种遗传疾病和遗传缺陷。6 岁以内的失明儿童中，有 40% 是遗传病所致。有人曾经对智力落后儿童的家庭作过大量调查，结果表明，智力落后儿童有 50% 是遗传性的。如果父母双方都是精神病患者，其子女 96% 有可能得精神病。如果一方有精神病，其子女也有 70% 的可能得精神病。据统计，我国 3 亿多儿童中，因遗传因素等造成的智力低下者为儿童总数的 3%，约占全国总人口的 1%，高达 1000 万以上。它几乎等于上海市的人口。在新生儿中，有 8.5% 有出生缺陷。在我国每年出生 1000 万以上的婴儿中，就有 85 万以上的婴儿存在出生缺陷。全国还有劣等痴呆者 500 万，还有最令人痛心和伤脑筋的，无法医治的先天愚型白痴 200 多万之多。每年国家要拿出 100 亿元、6 亿斤粮食来养活他们。这不仅是家庭的不幸、个人的痛苦，而且也是社会和国家的沉重负担。

从上面的材料分析中可以了解，遗传对于孩子聪明程度的影响是一个不可否认的事实。现在争论的是遗传的作用有多大。美国华盛顿大学的伊顿博士为 1975 年出版的《美国大百科全书》所写的《优生学》条目中说："遗传的作用占百分之五十，甚至可能多到百分之八十。"我国心理学家认为，遗传的作用难于用百分比加以表述，但是，他给人的后天提供了发展的可能性。而这种可能性就表现在发展的上限和下限方面。例如，不同智商的基因型，在有利性不同的环境作用下，其智力反应范围是有较大差别的。见图 2。

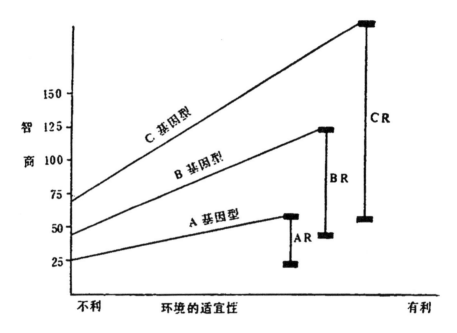

R：反应范围

图 2 三种基因型在有利性不同的环境作用下的智力反应范围

我们从图 2 中可以看出：①在相同环境条件作用下，基因型 C（智力潜能最大者）总是比 A、B 两种类型的成绩高；②基因型 C 有一个较为广阔的反应范围，即发展的上限、下限都比 A、B 型高。在最有利的环境条件的影响下可以达到相当高的上限，但是在最不利的社会环境条件下，还可以达到基因 A 型的中上等水平。基因 A 型（潜能最低者）只能有较低的而且较有限的反应范围。即使是在最有利的环境条件下，变化也是不大的。说明基因潜能越大，环境的作用越大；基因潜能小，环境的作用也是有限的。这从另一个方面说明遗传的重要性。③同一环境对不同基因型的效应是有明显差异的。这也说明遗传对环境有很大的制约作用，并不是象有的人说的那样，"个个儿童都是神童"。

　　我们说遗传的作用不可低估，那么为什么在我们的日常生活中往往又难于看到它的作用呢？这是因为：①人类个体比动物复杂得多，出生前后就一直受种种环境因素的影响。个体是一直处于遗传与环境的复杂的相互作用过程中不断地发展的，不象动物环境方面容易控制；②我们过去受"左"的思潮影响，把优生学作为资产阶级的反动学说加以否定，因此也不承认遗传对后代的影响；③祖辈的性状（包括后天获得性）通过遗传基因传递给下一代时，近代祖辈的这种后天获得性是非常微弱的。所谓"微"就是非常非常之小，很难被人所觉察到。所谓"弱"，就是非常非常之不稳定。即使从父辈传递给了子辈，在子辈生活过程中随时都可能因为不良环境因素的影响而消失。就是子辈保持了这种父辈的获得性遗传后，在孙辈身上又可能因为不利环境的影响而失去。所以获得性遗传在比较短的代辈之间是不容易被人们发现和觉察的。正因为这样，许多人不重视遗传的作用。现代遗传生物工程专家提出的"基因——文化协同"发展理论，进一步从人类基因库的变异说明了遗传对后代的作用。近十年来，国际上已经发现人类后代比其祖辈在生理上和心理上都已提前早熟二年左右。人们从经验和直觉中都能觉察到现在的孩子比过去的孩子聪明。为什么？除了科技文化环境因素、生活条件等方面的影响外，获得性遗传的作用不能不说是影响早熟的一种因素。

六　用计算机预测最佳妊娠期

随着科学技术的进步，人类对自身的了解和认识也越来越深入。现在发现人体内的生物节律是周期性地发展的。例如，人的体力的生物节律周期为 23 天，智力节律周期为 33 天，情绪节律周期为 28 天。前半期是高峰期；后半期是低谷期。高与低交替的那天是临界期（又称为危险日）。所谓高峰期就是节律因素"最好期"。例如，在体力的"高峰期"，精力充沛，生机勃勃；在情绪的"高峰期"，心情愉快，豁达开朗；在智力的"高蜂期"，思路敏捷，注意力集中。节律处于低谷期，则是节律因素的"低劣期"，这时的体力较差，容易疲劳，动作不协调，智力方面反应迟钝、记忆减退、情绪波动。处于临界期节律最差，此时人体抵抗力差易得病或发病，判断力差，易出差错。每个人熟知自己的节律，有益于时间管理和安全管理以及计划生育。根据大量的调查研究认为，人体所具有的三种生物节律与优生都有直接关系。如果男女双方都处在三个节律高潮时结合受孕，就会产生智力高、体质好、素质好的孩子。若二个或三个节律都处于低谷期或危险日，就有可能使孩子处于一般或低下水平。成都军区后勤部技术开发应用研究所利用人体生物节律理论，在调查了 1306 名儿童后发现，孩子的健康和智力与母亲受精怀孕时父母的生物钟运动是否处在高潮有关。人出生后，生命的节律便开始了，并有高潮与低潮的变化，从而使生理、情绪和智力行为产生最高或最低的效果。当人体的三种生物钟都运行在高潮时，人就会情绪高昂、体力充沛、智力很高。如果夫妻双方的生物节律都处在这个时期又恰逢女方的排卵日，此时受孕一定会怀上健康聪明的孩子。他们在调查了 1306 名儿童后表明，当时他们的父母双方的三种生物节律都处在高潮的只有 6 人，处于低潮者 45 人，处于中等水平的 1255 人。结果处在高潮怀孕的孩子聪明健康，处于低潮怀孕的孩子体质与智力均差。从 1982 年到 1987 年 7 月 11 日为止，这个所帮助 2000 多对夫妇实行了"生物钟优生"计划，据调查，父母双方在高潮时受孕生下的孩子，智力与体质状况均佳。近年来，北京的有关研究认为，近 90% 的孩子的智力与体力的好坏与父母结合受精时的三种生物节律是否处于高潮有关。我国国防科工委五一四医院研制的最佳妊娠期计算机预测系统，1987 年在北京已通过鉴定。据称，这种预测系统可以为生育高智商、体质好的小宝宝提供科学指导。根据人体生物钟理论研究的这种预测系统分为两大部分。第一部分分为个人生物节律的预测，包括天、月、年生物节律预测。第二部分为夫妻生物节律预测，其中包括夫妻日、月、年生物节律预测和女性排卵期预测。在夫妻某年生物节律预测中又分为夫妻智力最佳期预测、夫妻体力最佳期预测和夫妻情绪最佳期预测。每次预测都可以根据需要绘制出图形，以帮助被预测者了解自身生物节律的变化情况。五一四医院已举办"人体生物钟与优生"学习班，以培训一批最佳妊娠期计算机预测系统操作使用人员。

我们从试管婴儿和用计算机预测最佳妊娠期的事实说明，我国优生学的研究已经进入了一个新的阶段。我们讨论遗传对孩子智力的影响已经不是停留在过去的一般思辩水平上，而是达到了可以被人类所控制和操纵的试验阶段。现在不是承认不承认遗传对智力有无影响的问题，而是怎样才能最大限度地发挥遗传对智力影响的作用问题。

长时期以来，所谓遗传决定论与环境决定论之争，即先天与后天之争，都是从较狭窄的角度来理解影响孩子发展的各种因素。因而往往简单地将出生前称之为遗传或先天，出生后称之为环境或后天。根据现代科学研究的成果认为，我们不应该把孩子出生前（先天）等同于遗传，出生后（后天）等同于环境，因为出生前的胎儿实际上已经受到各种环境因素的影响。甚至在母亲受孕之前，父亲的精子与母亲的卵子都有可能受到种种不良环境因素的影响而使遗传基因产生变异，微小的基因变异都可能导致生育畸形儿。据临床研究，母亲的年龄和胎次都是影响脊柱裂和无脑婴儿的因素之一。据调查，母亲30岁分娩的孩子有1‰的可能是畸形儿，而40岁则为1%，45岁为2%。这是因为女性随着年龄的增加，卵子就逐渐老化了。老化程度越严重的受精卵，生产畸形儿的可能性就越大。所以我国优生学家认为，女性在24～28岁之间为最佳育龄期。据苏联的研究认为，母亲在妊娠期之前的生理和精神状态对性细胞都有某种影响。西方社会中的所谓"星期天婴儿"，就是父母在星期天酗酒后受孕而生下的畸形儿。据研究，男性每天抽30支烟以上，精子畸变率达20%，吸烟时间长、量越多，精子量越少、畸变率越高。从上面的'研究材料说明，我们在认识遗传对孩子的作用时，还应该考虑到孕前性细胞的状况。我们所提倡的优生也应该从孕前就作好充分准备，为受孕创造良好条件。

第三章　要重视孕期保健与胎教

　　孕期保健实际上已经是从种种物质的和心理的环境因素如何影响胎儿个体发育的角度来分析遗传与环境的关系了。过去的心理学、教育学在分析遗传与环境的作用时，由于把个体出生前后两个时期孤立起来看，便误认为出生前就是遗传的作用，出生后就是环境的作用。加上对遗传学规律和胎儿还缺乏深入了解，不少人亦把遗传、遗传基因、遗传素质几个概念混同使用。其实，遗传素质是在遗传基因的控制下，基因物质与营养物质等因素相互作用过程中形成的生理结构与功能特征。孕期保健的目的就是要让胚胎能在营养物质的正常供应下得到健康发育，形成良好的遗传素质。

　　孕期的保健措施很多，其中包括胎教。由于胎教在保健中又有特殊的地位和作用，所以，我们又把它单列出来作些分析。要做好孕期保健和胎教，首先必须掌握胎儿的发育过程和特点。

一　胎儿的生长发育

当男性的精子在女性生殖管道内和卵子结合时，新的生命就开始了，这就是胎儿的生长点。从受精卵到婴儿从母亲的子宫内脱胎而出之前，大体上经历了三个发育阶段：胚种期、胚胎期和胎儿期。

胚种期（受精到 2 个星期）精子钻入卵子之后 24 小时内，合子（即受精卵）的核膜愈合，父母两者的遗传物质即结合在一起，各自的 23 条染色体便配对，恢复了人体细胞特有的 23 对染色体。受精卵在 36 小时后，很快就进入细胞分裂阶段。72 小时它可分裂为 32 个细胞。它一边分裂一边沿着输卵管向下移动，3～4 天后到达子宫。到达子宫后，它变为一个充满液体的圆球，称为胚泡（或囊胚）。然后，它在子宫内漂移 1～2 天，胚泡边缘上的一些细胞聚集在一边，组成胚盘，这是一层厚厚的细胞群，胎儿就在这里发育长大。细胞群这时已分为两层，上面一层为外胚层，它最终成为人的皮肤、指甲、毛发、牙齿、感觉器官和神经系统（包括脑和脊髓）等。下面一层为内胚层，它发育成为消化系统、肝脏、胰、唾液腺和呼吸系统等。然后再逐步形成中胚层。中胚层将发育成为真皮（皮肤里面的一层）、肌肉、骨骼以及排泄和循环系统等。胚泡的其余部分将发育成为胎儿生存所需要的器官：胎盘、脐带和羊膜囊。胚泡的外层细胞称为滋养层，它产生一种细小的、象线一样结构的绒毛，胚泡在绒毛的帮助下附着在子宫内继续发育，当它完全植入子宫后（即着床）的这个细胞群称为胚胎。

胚胎期（2 周到 8 周）。这个时期，各个系统（呼吸、消化、神经系统等）和器官都在迅速发育。这时很容易受到宫内外环境的不良影响。人们所说的先天性发育缺陷如腭裂、四肢不全、智力低下、盲聋、两性人等往往都是在这关健性的 3 个月内由于不良环境刺激或内分泌激素的异常所造成的。所以，这个时期孕妇如果不注意保健，有可能导致胎儿的各种畸变。

胚胎 1 个月时，比受精卵大 1 万倍，约有 1/4～1/2 英寸长，心跳 65 次/分钟。胚胎期的脑、胃脏、消化管已具雏形。胚胎的颜面已经清楚地显现出来。臂上已有手和手指，腿上也有了膝盖、足踝和脚趾；大脑已能和其它器官、系统的功能协调一致；性器官开始发育；心跳稳定；胃开始分泌消化液；肝脏开始制造血细胞；肾脏已能从血液中消除尿酸；皮肤已敏感到足以对触觉刺激作出反应的程度。如果触动一下 8 个星期的流产儿，他会弯曲躯干，仰起头，把双臂往后挪动。

胎儿期（第 8 周到出生）。大约在第 8 周开始，随着第一批骨细胞的出现，胚胎就成为胎儿了（但也有无骨头的胎儿，1988 年在苏联喀山的一家医院出生一男婴，重 4 磅，全身没有一根骨头，但身体状况良好。据接生医生介绍，男婴有头和四肢，但由于没有骨头支持，所以不成形状，也无法把他抱起来。这是世界医学史上第一个无骨头的男婴）。3 个月的胎儿有眼睑、声带、双唇和一个凸出的鼻子，性别已很容易分辨；器官系统开始工作；胎儿开始呼吸，肋骨和椎骨已成为软骨；内生殖器官中已有原始的卵细胞和精细胞。这时胎儿能作特殊反应；他能移动腿、脚、拇指和头；他的嘴能张开、闭拢和吞咽；如果碰了他的眼睑，他会眯一下眼睛；碰了他的手掌，他会握成半个拳头；碰了他的嘴唇，他会咂一下嘴；碰碰他的脚跟，他会把脚趾张开成扇形。这些反射直到出生后最初几个月才逐渐消失。

胎儿到 4 个月时，母亲已能感到胎儿的踢腿，即"胎动"。5 个月的胎儿开始显示出个人个性的迹象，睡和醒也已形成一定的模式，这时的胎儿已变得更为活跃，如踢脚、伸身子、蠕动、甚至还打呃。6 个月的胎儿，皮下开始有脂肪，眼睛已完全长好，可以睁开闭拢，还可以环视各个方向。能维持 24 小时的正常呼吸。他会哭，还会捏紧拳头。胎儿到了 7 个月，已会呼吸、吞咽、咂大拇指。胎儿到了 8 个月时，迅速成长。由于宫内环境过于狭窄，胎儿的活动减少。这时的胎儿全身长出了一层脂胭，因而他能在出生后适应宫外的气温变化。胎儿到产前 1 个星期便停止长大。

在胎儿发育过程中，应提出的另一个问题就是从早期胎儿直至成长期，女性的发育速度都要比男性快。据研究认为，胎儿在 20 周后，女性要比男性早熟 2 周。到 40 周时，女性比男性早熟 4 周，并且继续这样发展下去，直至成熟。这说明，女孩子比男孩子早熟的差异，在胎儿期就已经开始了。

二　胎儿期的营养与孩子的聪明

要认识胎儿期的营养与孩子聪明的关系，一方面要了解胎儿大脑的发育过程和特点；另方面则要了解胎儿营养与胎儿大脑发育的关系。

孩子聪明的物质基础就是要有一个发育良好的大脑。而发育良好的大脑又必须从胎儿期就注意。胎儿的大脑发育，一般是从受孕 2 周后，以胚胎上出现的神经板为生长点，约过 1 周后便出现神经管，在第 4 周末，神经管的颅侧端增生扩大，形成脑泡。第 8 周便出现大脑皮层。到 16 周后，皮层迅速发展，形成许多沟回。第 20 周以后，皮层细胞开始分化为6层。据研究认为，胎儿第10周到16周和30周到34周以及出生后1年是大脑发育的关键期。大脑神经细胞是一次性增殖。过去认为到出生前大脑神经细胞就停止增殖。近期研究认为，增殖期还可延迟到1～2岁，尽管如此，这种增殖也是很缓慢和有限的。我们从胎儿大脑发育特点可以看出，如果错过了这个增殖机会，以后就无法补偿，必然会影响孩子的智力发育。

人的大脑是物质发展到最高阶段的产物。它由各种物质所构成，其中主要有蛋白质。它是构成大脑神经细胞的原材料。若胎儿期缺乏蛋白质供应，大脑的发育就会迟滞。脂类、核酸、糖、维生素、矿物质、酶类等也是构成大脑的主要成分。不论是细胞的增殖还是细胞的增大和髓鞘的形成，这些营养物质都是不可缺少的。我国著名生理学家、上海人类大脑研究所所长张香桐教授认为，在大脑发育的关键期内，如果这些营养素缺乏，大脑神经细胞素量就会减少，体积也会变小，将来孩子的智力发展必然会受到影响。胎儿大脑神经细胞发育所需要的这些营养是从孕妇饮食中得到的。所以，孕产妇如果不了解胎儿大脑发育过程的特点，不了解大脑发育所需要的营养物质，就很难科学地合理地摄取各种营养物质，对于社会上出现的各种各样的经验之谈也就难以鉴别其是非。

许多研究认为，营养不良对胎儿的影响比对母亲的影响更为严重。有人曾经进行过一项孩子智力发展与胎儿期营养的比较实验。对一组营养不良的孕妇中的一半人给以饮食补充，另一半人则给以安慰剂。在他们的孩子长到3～4岁时进行智力测定，那些接受产前饮食补充的妇女所生的孩子比没有接受饮食补充的妇女所生的孩子平均智商较高。从出现异常多的患克汀病而使身体和精神有某种缺陷的婴儿中也可以发现，这些地区人们的饮食、土壤普遍缺碘。给这些地区的孕妇都增服了碘剂，在一代人中间克汀病几乎完全消失了。食物中缺乏维生素 B、C、D 以及钙、磷的孕妇容易生出畸形的孩子。许多实验证明，孕妇吃得差，孩子就会受害。若在妊娠初期营养不良，胎儿受害就会更大。有的研究认为，若在妊娠最后三个月孕妇营养不良所产生的后果更为严重。

三　防止各种有害物质对胎儿的污染和侵袭

孕期保健除了有优质量多而丰富的营养食品供应外，最重要的就是要预防生病和防止各种有害物质对胎儿的侵袭和污染。

孕妇在胎儿 3～4 个月时，如果患风疹，其所生孩子很可能视觉、听觉都有缺陷，也可能智力发展迟缓、中枢神经系统损坏和发育迟缓。孕妇染上弓形体病时，可能使婴儿大脑受损、或者失明、甚至死亡。患糖尿病的母亲所生的孩子也容易得先天性畸形，患梅毒的母亲所生的孩子可能生下来就是智力发展迟缓者。据研究认为，病毒感染可能是破坏染色体的一个因素，也是唐氏综合症和别的遗传缺陷的起因。从调查中还发现，母亲患肺结核和尿道感染的孩子中，先天性缺陷比率比健康母亲高。所以，在孕期一定要注意预防生病。

万一孕妇生病，服药却要特别谨慎。有的孕妇妊娠期反应很强烈，不应该盲目随意去吃药。因为这时胎儿成长最快，对其影响也最大。据外国资料报告，服用"反应停"后出生的婴儿，一出世就有缺腿、短臂或小得可怜而无用的四肢，或在视觉和听觉方面有缺陷，有的婴儿没有耳朵和眼睛。又如，链霉素和四环素，阿斯匹林、苯巴比妥（镇静剂）、服用过量的维生素 A、B_6、C、D 和 K 等都会使胎儿畸形。

为了对某种疾病进行确诊，往往用 X 射线对病人透视、拍片，用放射性同位素进行治疗。对于孕妇来说，特别是头三个月要尽量避免。因为 X 射线会破坏染色体而导致胎儿畸变、智力低下等。有人曾经对曾在各种条件下接受过 X 射线幅射的 74 名孕妇作过调查，结果只有 36 名生出的孩子是正常的，其余的孩子中有 23 名严重发育迟缓。此外，在一些有毒气体物质（如砷、磷等农药、液化气、废水、废气、废渣等等）环境下工作的孕妇也必须注意防止有毒物质对胎儿的侵袭。

烟、酒对胎儿的影响不能低估。这些有害的尼古丁和酒精可能导致染色体和基因的变化，使胎儿早产、死胎、出生小婴并出生后发育迟滞、智力低下、动作发展迟缓。有人曾经调查过，父亲不吸烟，孩子畸形率为 0.5%；父亲每日吸 1～10 支者，孩子畸形率为 1.4%；父亲每日吸 10 支以上者，孩子畸形率为 2.1%。

因为丈夫吸烟时，妻子也会吸进过多的烟雾，导致胎儿变形。孕妇自身吸烟可直接危及胎儿。如低体重的小婴（小于 2500 克），在不吸烟的产妇中只占 4.7%，而吸烟产妇每日吸 20 支以内的占 7.7%，而每日吸烟 20 支以上者占 12%，在妊娠 4 个月以后，如果继续吸烟，后果尤为严重。

前面提到的"星期天婴儿"，其原因就是夫妇在星期天大量酗酒。因为酒精可以直接破坏生殖细胞的基因。我国有句俗话："酒后不入室"不是没有道理的。

噪音也严重地威协着胎儿正常发育。据美国华盛顿大学医学院教授鲁贝尔的实验研究认为，孕妇在强噪音环境里停留过久，孕妇体内的胎儿内耳将受到损害，成为聋子。尤为在孕期 7 个月以后，不要在机场、迪斯科舞厅等强噪音环境中久留。他通过 6 周龄的雏鸡试验观察，结果发现，噪音使小鸡的内耳受伤，不久脑内有关细胞也受到影响，两天后有三分之一的脑细胞损伤或死亡，其它脑细胞也发生萎缩。美国心理学家瓦茨博士研究表明，经常处于嘈杂环境（电视机声、喇叭声、争吵声等）中的 7 个月的婴儿，摹仿大人姿势的能力大大低于正常环境中的婴儿。假如 18 个月的幼儿一直生活在噪音的环境里，对大小、距离和空间的理解能力也明显地低于同龄幼儿，22 个月的婴儿喃喃学语的能力也显著低于同龄幼儿。人体正常允许的噪音为 50 分贝，当噪音达到 115 分贝时，会损害大脑皮层的调节功能，会严重干扰婴儿的注意力，妨碍婴儿对事物的探索，在一定程度上妨碍幼儿的智力发展。节律性和谐、悦耳的音乐，美妙的鸟语、虫歌都能使人心情愉快，脑功能效率提高。生理新陈代谢加速，促进婴儿的发育。这就是音乐胎教的依据。所以，我们不仅要给孕妇创造一个美好的听觉环境，而且在婴幼期同样也是很重要的。我国有人曾经对铁路沿线居民的小孩与其它地区的小孩在听觉能力方面进行了测定，发现铁路沿线出生的孩子听觉能力大大低于其它地区小孩的水平。可见，幽静舒适的环境对孕妇来说是很重要的。

在胎儿期，影响胎儿正常发育的环境因素中还有废气和有害物质。特别是广大农村地区的妇女在使用农药时要特别小心。美国环境保护厅认为，汽车尾气排放出来的铝对人体健康有害。铝特别容易在幼儿脑组织中蓄积，加以孩子血脑屏障尚未发育成熟，他们对铝的影响较成人敏感，婴幼儿长期受到汽车尾气中铝的慢性危害，以致智力下降。所以孕妇要特别注意环境中的污染源对自己和胎儿的侵袭。

四　要注重胎教

胎教在过去往往带有种种神秘色彩。那是因为不了解孕妇的精神状态可以影响胎儿的发育这种科学道理。科学技术的进步已经解开了这个"迷"。所以，胎教便很快地被人们所接受并推广。

胎教的目的是使胎儿能发育得更快、更健康，使胎儿期的大脑提前接受各种刺激并留下痕迹，为出生后的发展创造更为有利的条件。从现有资料分析，胎教可以分为间接胎教和直接胎教两大类型。

间接胎教，实际上就是通过母亲自身的情绪、机体的变化所导致的内分泌腺的功能变化，再通过血液胎盘等途径去影响胎儿。临床观察，如果孕妇在 7～10 周时情绪过度紧张、焦虑不安，可能导致胎儿唇腭发育的畸形。如果在妊娠后期，孕妇精神急剧变化，如恐惧、忧伤等严重精神刺激，可以影响胎儿发育，甚至死胎。孕妇情绪激动，胎动也增加，若激动时间延长，胎动也相应增加，有时可达正常胎动的 10 倍。这时的胎儿处于窘迫不安状态。有时孕妇的叹息、打呃都可以中断胎儿的呼吸运动。有人曾经对一些妊娠 3 个月的孕妇用焦虑量表进行测定。对 19 位焦虑程度最高和最低的母亲所生的孩子加以观察、注意他们之间是否有所不同。观察结果认为，那些非常焦虑的孕妇所生的孩子，在出生后第 2～4 个月内哭得比别的孩子多。有人对 232 名有腭裂或唇裂的孩子的母亲作过调查，68% 的母亲说，在孕期有过情绪紧张。这是因为紧张感出现时，肾上腺皮质将分泌出超量的氢化可的松激素，从而阻碍了胎儿上颌骨的正常融合。可见，孕期保持正常的情绪、愉快的心情是胎教的重要内容之一。例如，多听听轻音乐、散步；要建立正常的生活秩序，讲究卧室的布置，看一些色彩鲜艳的画，搞好人际关系等等都有助于精神健康。

在间接胎教中还应注意的就是孕妇要正确对待妊娠。在女性角色社会化过程中，自然地给女性一种先入为主的印象，即"妊娠必有反应"，"反应必定是有孕"，这种社会暗示一旦转化为自我暗示时，孕妇的妊娠反应就显得特别厉害，从而出现焦虑、恐惧等不良情绪，影响胎儿正常发育。有的女性对生孩子所产生的恐惧、害怕情绪也会导致胎儿异常。

随着小生命的造化，夫妻间的性生活也可能受到某种影响，特别是妻子的情感会从丈夫身上逐步转移到孩子身上去。如果丈夫不理解妻子的这种情感变化，仍然以小两口时候一样要求过性生活，不仅会引起妻子情绪方面的波动或产生性冷漠，甚至有可能会影响胎儿的正常发育。这是作父亲要特别注意的问题。

直接胎教就是使胎儿本身直接接受各种刺激并接受各种训练活动。

据报导，美国加利福尼亚州有一所十分特别的"大学"——胎儿大学。它的创办人范德·卡尔是加州的一位产科医生。卡尔说，在他们学校，胎儿5个月就开始上课，每天上两课，每课只有5分钟。胎儿"大学"的课程包括语言、音乐和体育。胎儿的妈妈是通过轻拍肚子来开始与胎儿沟通的，小宝宝不断地踢脚。过了不久，他就会向感觉到妈妈的手的地方踢。胎儿7个月时，开始接触外界的声音。妈妈用一个喇叭筒随着轻拍、摩擦、挤和叩击等适当的动作教话，教导一些描述声音、光或笑等感觉的语言。在上音乐课时，妈妈把一架玩具木琴放在肚子上，然后弹奏一些音符，教胎儿认识音调。

受到这种胎教的婴儿出生时，大脑中约有 50 个单词。有些学生出世 2 周就会说"哦——哦""爸—爸"。有一个出世 8 周就能很清晰地说"哈罗"（英语中的问候语）。这所大学在学生出世后，即颁发学士帽和毕业文凭。自 1979 年创办以来，已培养了 700 多名毕业生。

卡尔的儿子凯德里，也是这所"大学"的毕业生。他比同龄的孩子成熟得多，在他 4 岁时就已经能听和讲英语及西班牙语并喜欢跟 8～10 岁的小孩玩，而且懂得照顾自己。

从前面胎儿大学的介绍中可以看出，直接胎教有两个途径：①主要是利用言语或音乐等听觉刺激信号，通过胎儿的听觉器官来促进胎儿的言语和大脑的发育。②主要是利用抚摸孕妇腹部的动觉刺激信号去诱发胎儿的各种动作，促进动作和大脑的发育。

有的人认为"胎教"是瞎胡闹，甚至在报刊上还宣传说胎儿听不到音乐的刺激信号。其实并非如此。从实验了解到，胎儿除了身体的主要功能如呼吸和吸收营养外，他还会踢、转身、弯曲身体、翻筋斗、眯眼睛、吞咽、握拳头、打呃以及咂拇指。胎儿的听觉器官到 4 个月时已开始工作，对音响有反应能力，到 7 个月时更敏感，对一些声音刺激和震动作出反应。有不少孕妇说："当自己打字时，胎儿的活动就增加。"有的孕妇说，她往往不得不放弃参加交响音乐，因为群众的掌声会引起胎儿的剧烈活动，使她感到难受。有人曾经作过这个实验，妇女妊娠 13 周时，胎儿在听到两块木板的拍打声时会跟着转动。在母亲腹部附近响起铃声，便会引起痉挛性的胎动。这些实验都说明，胎儿的确能对刺激作出明确的反应。我们通过现代技术手段的应用，如把微型耳机植入子宫并进行声音刺激、借助 B 型超声波对胎儿活动进行观察都可以了解和观察到胎儿受到外界各种音响、动作刺激时所作出的种种反应活动。所以说，胎教并不是无稽之谈，而是有科学和实验为依据的。当然，我们提倡并重视胎教，却不能把胎教绝对化，说得神乎其神。如何进行直接胎教，也要依据孕妇自身的实际情况而定，不可盲目实施。因为直接胎教有其一套科学的技术操作系统和程序，需经过特殊训练的人实施直接胎教才能收到较好的效果。

五 剖腹产真能使孩子更聪明吗

自从有些"神童"之父（母）介绍了"育儿经"之后，据说非难产孕妇要求剖腹产的人数逐渐增加。其原因之一就是希望孩子更聪明，母亲吃点苦也愿意。产程因素的确可能导致出生一些智力发育不全儿童，如颅内出血、缺氧窒息等。但是，我们还应看到，自然产却又是帮助胎儿从寄生生活过渡到"独立"生活的一个重要环节，它有许多好处。阴道分娩时子宫收缩所引起胎儿的种种改变，对他出生后的独立生活是非常必要的。例如，子宫收缩使胎儿胸廓有节律性的压缩和扩张，胎儿的肺部就能加速产生一种磷脂类物质，使出生后的肺泡有弹性，容易扩张，并可将吸入肺中的少量羊水挤出。这对出生后的呼吸极为有利。阴道分娩，一般都是胎头先出，再顺次按额、鼻、口颌娩出。子宫的阵阵收缩和相对抗的孕妇盆骨阻力，可以将胎儿鼻子、口腔中的粘液挤出，防止首次呼吸时吸入。而剖腹产的胎儿就无此有益经历。阴道分娩时，胎头受压充血，对胎儿的呼吸中枢有刺激作用，出生后容易激起呼吸而啼哭。剖腹产胎儿则不易激起呼吸。剖腹产儿常常需要很快切断脐带。因此，胎儿从胎盘得到的血液较少，出生后容易出现贫血和体重下降。大量

资料表明，剖腹产儿的死亡危险比阴道分娩的要高。从调查材料的比较分析中看出，剖腹产与阴道分娩两类儿童的智力并无显著差异。

剖腹产给母亲也带来许多不利，如出血过多、伤口容易引起感染发炎、日后还可能肠粘连。而子宫上留有疤痕，对以后再次妊娠分娩就可能带来麻烦，有可能导致子宫破裂的危险。如果产后母亲身体难于恢复，会直接影响新生儿的生长发育乃至智力低下。所以，剖腹产可以使孩子聪明的说法是一种片面之词，不可盲目轻信。

第四章　切莫错过孩子发展的关键期

近几年来，国内外的许多专家学者都认为儿童的生理发育（如大脑）和心理发展都有一个关键期，即在这个时期内发展的速度最快，最容易接受外界的各种刺激影响。如果能充分利用这个发展的最佳期，实施科学的早期教育，就可以收到事半功倍的效果。反之，如果错过了这个良机，将会带来难于弥补的损失，再好的营养补充或教育训练也难于达到原来可能达到的理想水平。可见，认真抓好儿童早期保健与教育，将会对孩子心理的发展起到难于估量的作用。

31

一　当前婴幼儿生长发育曲线向下倾斜所敲响的警钟

1987 年 7 月，出席在北京主办的"中荷妇幼营养及食品讨论会"的专家指出，我国婴儿的生长曲线直到 4～6 个月时与国际的儿童生长水平仍无差别。但是，6 个月以后的生长曲线开始向下倾斜，农村婴儿更为明显。出现这种状况，与婴儿断奶期缺乏质量好的辅助食物很有关系。婴幼儿的辅助食品及断奶期补充食品的添加，城乡差别很大。由于缺乏适当的断奶食品，婴儿断奶阶段最容易出现营养问题。这对婴幼儿将来成长是极为不利的。但是，我们不能因此又走向另一个极端。当婴儿在吃奶时期即出生后2个月左右就添加半固体或固体辅食。近期的研究认为，3～4个月的婴儿不宜添加半固体或固体食物，因为3个月内单纯母乳喂养已完全可以满足孩子的生理需要，而半固体或固体食物则会影响孩子对母乳中铁的吸收，极易导致婴儿缺铁。据美国儿童疾病杂志介绍，孩子出生4个月内就添加固体食物，如水果蔬菜等，婴儿体内铁的积累明显下降。有一组对比实验，一组孩子只喂母乳；另一组孩子喂母乳加梨汁。结果发现，单纯喂母乳组的孩子在铁的吸收率方面高于母乳加梨汁的孩子。近几年来，通过母乳分泌量测定以及婴儿生长发育等营养指标的监测，发现婴儿自3～4个月以后，母乳量已不能满足孩子的生理需要了，尤其是体重大的婴儿，单纯母乳喂养更显得在热量和铁元素方面供应不足。因此，专家们主张在婴儿4个月后，应逐步添加辅助食品，包括含铁丰富的食物在内。否则就会导致种种营养不良的疾病。据1986年全国抽样调查，儿童的佝偻病发病率为40.7％，其中内蒙古、黑龙江、甘肃等省（区）都在50％以上，以1岁以内小儿患病率为最高。城市儿童缺铁性贫血患儿竟达40％。可见，营养问题给儿童早期的发展带来了严重威协。据研究认为，造成智力发育缺陷的决定因素是早期的营养不良。人的大脑在4岁之前已基本发育成熟。4岁之前的营养不良必定会影响到大脑基本结构与功能的发育，使脑功能随之减低，形成智力落后。可见，不仅妊娠期要重视孕妇的营养，孩子出生后也必须十分重视母子的营养合理供应。否则，会给婴儿的脑子发育带来不可挽回的影响，使孩子一生中的脑细胞永远处在低于正常水平的情况，造成智力障碍。因为大脑细胞是一次性完成后就不再增殖了的。这就是婴幼儿营养不良可以导致智力低下的主要原因之一。

首都医学院运用电子计算机对 3000 多婴幼儿进行体质调查后发现，反映儿童发育丰满状态的上臂围、皮褶厚度这两项指标在出生后 1～6 个月随年龄而增加，而 6 个月到 2 岁期间发育速度明显下降，呈马鞍形趋势。他们认为，婴幼儿出生前 3 个月到出生后的 18 个月到 24 个月是"智力发育突破时期"。如果在这一时期出现营养不足，势必影响其智力发育。这一调查结果与前面研讨会上介绍的结果都一致表明，要使孩子聪明，在婴幼儿生理发育、特别是大脑发育的关键期要十分注意营养供应和保健工作。

广西某保育院在 1988 年 6 月 1 日前夕对该院 320 名 3～7 岁幼儿进行铁、锌、钙、镁四项微量元素在身体中含量的检测。结果表明，体内四项元素均达到正常值的人只有 2 人，仅占 0.63%。其中有 24.33% 的儿童达到铁元素的正常值；35.31% 的儿童达到锌元素的正常值；25% 的儿童达到钙元素的正常值；76.25% 的儿童达到镁元素的正常值。平均起来，60% 的儿童体内的微量元素达不到正常值。所以造成幼儿体内微量元素严重不足，主要是幼儿偏食性强造成的结构不合理。

根据研究，婴儿缺铁不仅会引起贫血，而且会引起白血球功能障碍，免疫力下降，孩子易感染其它疾病，影响大脑功能发育（即智力发育）。例如，可能造成反应迟钝、学习能力低。英国有位学者对 24 例年龄 9～26 个月的缺铁患者进行智力测验后指出，这些儿童均有不同程度的发育迟缓。

营养不仅影响智力，而且也影响其它行为，我国学者曾经对5～16岁孩子的调查中发现，营养素含量低，蔗糖含量高的食品对儿童学习状况有明显的不良作用。早餐摄入大量的糖类将引起嗜睡和惰性，使学习效率下降。他们曾对一批孩子分别进食高碳水化合物和蛋白质饮料的对比实验。在进食两小时后测定他们的听力。结果发现，进食高碳水化合物的孩子听觉能力明显差于进食蛋白质的孩子。这是因为人的行为是受大脑中枢神经系统释放出的神经介质所调节的。高碳水化合物摄入人体后，可促使5－羟色胺（血清素）的合成和释放。5－羟色胺是被证明具有促进睡眠、减少痛觉、降低工作效率及抑制情绪的作用。他们在实验中，给男性青年摄入色氨酸，可使其自我感觉中的疲劳增加，而活动性下降。这是因为气氨酸是5－羟色胺的前体。因此，单独摄入色氨酸食物与高碳水化合物食品具有相同的行为效应。

值得注意的是，小儿的多动症与活动性障碍也常常与饮食有关。研究认为缺铁性贫血是造成学习成绩下降的重要原因之一。铁元素会影响注意力集中和感知运动，引起烦躁不安等心理现象。维生素B_2缺乏，可引起情绪抑制、不稳定、易疲劳。维生素B_1缺乏会导致精神错乱，人际关系失调、睡眠障碍、周身不适、食欲减退等。维生素B_6缺乏，会引起烦躁、失眠、无力、精神抑郁、无精打采、不愿活动、疲倦等。所以，人体的这些营养素（包括各种微量元素在内）的正常量是必须保证的。

但是，我们不能因强调营养与孩子聪明的关系很重要就走到另一个极端，过度的供应各种营养，而失去协调和平衡。例如，锌是人体不可缺少的微量元素之一。如果体内缺乏锌会使生化过程受阻，蛋白质合成受到障碍，味觉、嗅觉功能减退，发育不良，生理机能低下。在早期还会使婴儿神经系统功能不全。但是，如果人体内锌储集和摄入过量，则又会表现为恶心、呕吐、腹泻等，严重的还会引起中毒。又如，蛋白质会导致高脂血症，食盐过多会产生高血压，增加胃脏负担。碳水化合物（糖）过多会产生肥胖和高血压等心血管病。维生素 A、D 过多会发生中毒症状，维生素 C 过多会导致肾结石，等等。所以营养供应一定要恰如其分，既不要缺失，又不能过量或盲目地给孩子补充这个剂那个剂。现在肥胖儿急剧增加就是营养过剩、运动缺乏所造成的。据北京市调查，"肥胖症"（超过平均体重 20% 以上的有 3%，超过平均体重的有 5%）。有的母亲给 1 个多月的婴儿每天喂三瓶鲜牛奶仍感不够，还要外加糕干粉等辅食。不少独生子女整日点心、糖果等甜食不断，活动少，结果肥胖儿日趋增加。这不仅影响自身的生长发育，而且也影响他的学习成绩和智力的提高以及良好性格的形成。因此，我们决不能从一个侧面去看营养问题对孩子聪明的影响。要从提供良好的物质基础的角度全面考虑孩子的膳食问题。

据中国预防医学科学院与食品研究所自 1985 年起所作的不同生活水平、民族、膳食组的六个地区 4800 余学前儿童的调查结果说明，各年龄组儿童缺铁症患病率以 6 个月到 1 岁为最高，分别为64% 和 72.3%，不同地区的平均率为 59.1%，云南最高，达 70%，最低为浙江，是 40.5%。缺铁症高的地区并伴有缺锌症。又如，湖北省对城乡 24672 名 4 个月到 6 岁的孩子关于营养性缺铁性贫血进行的抽样调查中发现，患贫血的儿童有 12325 名，患病率占 49.96%。农村抽样调查 12028 名孩子，其中有贫血病的为 6546 名，患病率占54.42%。城市抽样调查 12644 名孩子，其中有贫血病的为 5779 名，患病率占 45.71%。从上述结果可以看出，近半数的儿童都存在不同程度的贫血病，其中农村孩子比城市孩子更为严重。从年龄上看，年龄越小的孩子患贫血病的比率越高。4~6个月的孩子患病率为62.30%；7~11个月的孩子患病率为62.87%，1~1.9岁的孩子患病率为58.91%；2~2.9岁的孩子患病率为46.33%；3~3.9岁的孩子患病率为39.17%；4~6岁的孩子患病率为39.12%。从性别上看，男孩患病率为51.31%，女孩患病率为49%。据了解可能是重男轻女的思想导致男孩挑食偏食所造成的。各种调查说明，应从4~6个月就给孩子添加含铁丰富的营养食品，如肝泥、瘦肉、鸡、鱼等动物性食品，以及新鲜蔬菜、水果等以促进铁的吸收。防治缺铁症应以6个月到1岁的孩子为重点。

二　山东"沙袋儿"所带来的后遗症

我国山东省惠民地区有一种育儿习惯：婴儿出生半个月左右，母亲就把他放入一个盛有细沙土的布袋内（沙土是晒干或炒干的），以沙土代替尿布，一天或两天换一次沙土。使用这种方法的目的是为了节省尿布和换尿布用去的时间。当地群众把这叫做"睡沙布袋"。不知人们从何时才开始发现，如果对睡沙布袋内的婴儿不给予任何感官训练或不去逗他玩，实行严密封闭的教养，婴儿就会老老实实地在沙袋内躺上半年、1年、1年半、2年甚至更长时间。据了解，有的孩子躺在"沙布袋"内长达4年之久，婴儿的母亲只定时喂食就行了。"享受"这种待遇的人，在惠民地区有数以十万计之多。

为了研究和改变这种愚昧落后的育儿方法，我国的有关人员曾经对在"沙布袋"内生长的"失教"儿进行了比较研究。他们对失教1~2年的7~16岁的儿童进行了抽样调查，用中国比纳智力测验量表对其智力进行了测量。借以探索剥夺早期教育训练对个体日后智力发展有无消极影响，为我国儿童早期教育提供理论依据。他们在三个自然村随机取样30名7~16失教儿童和30名7~16岁的非失教儿童进行比较分析，其智力测验的智商见表5。

表5　失教儿童与非失教儿童的智商比较

类　别	7~11岁	12~16岁
失教儿童	67	68
非失教儿童	86	87

我们从上表的智商差异情况可以看出，早期教育训练的剥夺在智力发展方面有消极影响，并随年龄的增长而明显地减少，说明剥夺早期经验对于人类个体的发展具有恒久性和不可逆转性。

从调查中还发现，受过5年以上学校教育的失教儿童比没有上学的失教儿童，其智商有明显的提高。受过6年学校教育的失教儿童，其智商已达到了非"失教"而未上学的儿童的平均智商。但是，仍未赶上受过6年学校教育的非失教儿童的平均智商（110）。这就说明，学校教育可以在一定程度上补偿儿童早期教育训练被剥夺而产生的消极影响。但是，终究这是一个难于弥补的损失，他们无法赶上非失教儿的智力水平。

调查还发现，失教的消极影响在性别方面也有差异，见表6和表7。

表6 非失教男女儿童智商对照表

智 商	男	女
平均智商	88	86
7～11 岁平均智商	85	88
12～16 岁平均智商	93	83

表7 失教儿童男女智商对照表

智 商	男	女
平均智商	73	64
7～11 岁平均智商	70	67
12～16 岁平均智商	80	63

我们从上两表的比较中可以发现，儿童早期经验剥夺的消极影响对女性更为严重，即女性的消极影响大于男性的消极影响，而且随着年龄的增长，这种差别越来越大。可见，从"沙袋儿"的育儿法中可以说明，儿童早期的教育训练对孩子的智力发展是很重要的。

三 辽宁"猪孩"的实验启示

（一）"猪孩"的发现

1983 年 4 月的一天，中国医科大学基础儿科教研室的张四光教授收到了来自辽宁省台安县某农村中学王允林老师的一份报告，说他们村有个从小与猪生活在一起的女孩子。因为她的举止行为很象猪，所以村里人都叫他"猪孩"。为此，中国医科大学医学心理学教研室、儿少卫生教研室和基础儿科教研室联合组成9人考察组，于1983年6月2日找到了这个9岁的"猪孩"。

当地村干部把"猪孩"送来时，只见她蓬头散发，穿着一件破上衣和一条极不合体而又尿得透湿的短裤、满身污垢、满头虱子，不仅肮脏难以入目，而且气味难闻。她直楞楞地瞪着两只眼睛，显得茫然、惊奇！

考察组经过20多天的调查研究，逐步弄清了猪孩的家族史和个人成长史，掌握了如下基本事实：这个女孩，名叫王显凤，生于1974年12月23日，足月剖腹产，重约6市斤，无异常征象。她生父欧阳××，是个聪明的聋哑人，现在是编织业的能工巧匠；母亲张××，小时智力正常，5岁时因患大脑炎，导致中度智残。张××妊娠4个月时与欧阳××离婚。她在2个月后改嫁到这个偏僻乡村，与临界村的王××结婚。王显凤出生后，一家三口居住在这个村庄最南面的一间半土房里。她家四邻不靠，又加上其父母心理异常，所以平时很少有人到她家来。这是社会上罕见的愚昧、贫困、脏乱和孤独的一个家庭。

（二）"猪孩"早期的生活环境与"猪孩"的智力发展

她家以养猪为业，土房前面相距三米远并排三个大猪圈，少时养猪3～5头，多时30多头，且猪圈与住房无明显界限，猪可随时进屋上坑，追逐哼叫，蹦蹦跳跳。养父娶愚妻，本想结婚育子传宗接代，而显凤却是一个女孩，所以对王显凤不大喜欢。傻母智力低下，情感冷漠，既不懂教育，又不给母爱，孩子饿了就让她去吃猪奶，孩子没有玩伴就让她与猪一起玩。她经常跟在猪后走。猪崽吃奶，她也跟着吃奶；大猪吃食，她也挤在中间抢。猪啃草，她也跟着啃；猪嚼树叶、秸秆，她也跟着嚼。而且，她经常模仿猪的动作行为。例如，猪用蹄子扒土做窝，她也用手刨土做窝，猪痒了就在树干、墙角等处使劲蹭痒，王显凤也都照样做；猪吃食经常甩动脑袋，她也经常甩动脑袋；猪经常发出哼哼声，她也经常哼哼；猪经常在地上睡觉，她也挤在一起睡觉；一旦有猪撒尿，她也跟着嘀嗒尿……。总之，因为她整天与猪生活在一起，经常看到的是猪形象，听到的是猪声音，模仿的是猪的动作和行为。这种特殊环境的耳濡目染、潜移默化和智力环境的被剥夺，渐渐使这个幼稚的孩子形成了许多类似猪的习性，智力发展一直停留在低下水平。但是，她与狼孩不一样，因为她既与猪为伍；又与父、母交往。她这个特殊家庭的社会信息虽然极为简单和贫乏，但父母对她行为的肯定与否定，父母之间的谈话和处理问题，以及父母的饮食、衣着和劳动，尤其是父母对她的要求和指导，也都能给她以影响。因此，王显凤既有类似猪的习性，又有些人的习性，会穿衣、吃饭和简单会谈。这就是说，正因为她从小生活在半人类社会半猪群的特殊环境中，从而形成了她"人性"与"猪性"相结合的智力落后的畸形心理的人。

（三）"猪孩"的智力落后是遗传的影响还是后天的特殊环境所造成的？

在进行上述调查研究的过程中，发现她眼距宽（约3cm）、鼻梁扁平，样子颇似先天愚形，所以曾怀疑她是由遗传因素造成的傻子。不过当地居民大都否定这种看法，纷纷说："这孩子动作这么灵巧、学猪学得那么象，与胎里带来的傻子大不一样；她傻，是从小学猪学傻了。"为了科学地鉴别她是遗传因素造成的智力缺陷还是后天环境条件导致的智力低下，并为了全面了解她的健康状况和生长发育情况，中国医科大学为她做了生理和心理全面的系统的检查。现将心理方面检查结果介绍如下：她性别不分，颜色不分，不知大小，不懂高低，没有数的概念，单词句尚含糊不清。情绪多见喜、怒、惧，极不稳定，经常破涕为笑。任性、执拗、易激怒、不知羞耻。孤独冷漠，不会与小朋友玩耍。用吴天敏先生修订的比纳智力量表测量，她相当于 3 岁半的孩子，用林传鼎先生修订的韦氏量表测量，智商（IQ）为39。

中国医科大学在王显凤的生理、心理的全部检查结束后，中国医科大学科研处于 1983 年 9 月 15 日请来李助萱等六位著名儿科和生理学专家教授进行会诊和鉴定，一致认为王显凤不属于先天遗传性（即不是因为其母是弱智而造成的）和代谢性（即不是胎儿期由于营养不良或受其它有害物质的影响导致的）疾病，而是后天个体社会化过程的严重缺失和智力刺激被剥夺的特殊环境造成了她的人格畸形、智力残废。

（四）对"猪孩"所进行的实验研究

王显凤，既不完全是兽孩，又不完全是与世隔绝的孩子，更不是个野生孩，而是既受社会影响，又受猪性薰陶；既有"人性"，又有猪的习性的孩子，所以在这一领域的研究上，她应属于一种新的特殊类型。通过对她的研究，可以更具体，更生动地理解人的心理实质，更科学地论证社会环境在人的个性形成和智力发展中的决定性作用。与此同时，还可以通过这一具体研究对象，深入探讨人的心理发展关键期错过之后究竟能否逆转，为论证儿童早期教育的极端重要性，特别是儿童早期的智力开发提供科学依据，并为智力落后儿童的补偿教育摸索经验。

实验的各项措施都是为了提高她的社会化水平，培养她适应社会生活的能力；帮助她克服猪的习性、增强人的社会性，以全面提高她的心理素质和智力水平为目的。

在实验中尊重她的尊严不歧视、不要笑、不许随便让她做猪的动作行为的表演。对她耐心教导、循循善诱、不仅给予教授、同时给予爱护和温暖。在教育中坚持量力性原则，由浅入深、循序渐进，引导她逐渐适应社会生活。教她掌握自然常识和社会常识、矫正不良行为习惯，进行人际交往和社会适应能力的培养训练，还有语文、算术等知识的学习。

对她的教育程序分三个阶段进行。即第一年由专职教师和保育员日夜守护，进行个体教育训练，让她认识社会环境、人与人之间的关系，并培养衣、食、住等自理能力，为培养社会适应能力打下基础。第二年上半年入幼儿园，与小朋友一起学习，一起游戏，下半年入弱智儿童班学习。第三年进入正规小学一年级学习。在幼儿园、弱智班、小学学习期间，不仅授课教师给予特殊关照，而且专职教师一直在一旁具体辅导，并做观察记录。对王显凤的教育实验，除个别教学、班级学习外，还一直注意把社会当作大课堂，引导她去认识、去适应、去探索。为此，教师经常带领她有目的、有计划地游走，见物学物，见景学景，遇事学事，结合实际进行灵活的教育和训练。为了扩大她的知识面，开阔眼界，还特地安排她到大连、沈阳等地参观游览。教育实验的第三年，随着她接受能力的不断提高，又采取了每天坚持"四个一"的教育措施，即每日一讲。讲文明道德、好人好事等，讲后令其复述，这样既学会了知识，又培养了语言表达能力；每日一练。即练习独立做一件事，如自己买东西，自己过马路等；每日一帮。即每日帮别人做一件好事。如汽车上让座、携扶老人等；每日一评。评遇到的事对与错、好与坏，评自己的行为如何等。

（五）实验结果给孩子的智力开发提供的启迪

从总的说来，通过三年的教育训练，"猪孩"的心理活动水平都有了明显的提高。有些能力已接近同龄人水平，但从整体上看仍不及正常同龄儿童水平。智商从 39 提高到 63，已从重度智力迟滞提高到轻度智力迟滞。"猪孩"在感知、记忆、注意、再造想象等低级的认知能力方面都有明显的发展，在情绪稳定性、意志力方面亦大大加强，猪的行为习惯已基本克服，社会适应能力已增强，初步形成了比较稳的个性心理特性。但是，代表智力核心的思维能力的发展水平却非常缓慢。1982～1983 年，她在"育红班"学习一年多，算术课只学会写一个"2"字，至于"2"的实质，仍无所知，而且她男女不分，这都说明她的抽象概括能力极低下。经过三年教育训练，不仅能识别男女，而且可按年龄确定称呼，看角色而采取相应行动。她在待人接物方面虽然可以看到简单的思维活动，但在抽象的计算活动中，抽象概括能力仍然极为低下，通过三年的教育实验，才学会 10 以内加减法。而且一阵糊涂起来，"2+3"等于几都不知道。因为她很难理解数的实质。所以，从整体上看，她仍属于智力落后儿童。

王显凤这个由后天环境造成的智力落后的傻姑娘，照此教育训练下去还能否成为一个智力正常的青少年呢？研究者认为，她可望成为一个自食其力的人，但是在智力发展上即使继续加强培养训练，也无法达到正常青少年儿童的智力水平。因儿童早期"三大营养（物质、精神和情感）"缺乏而造成的智力低下，尽管大力进行补尝教育，可以有所进步，但是无法彻底逆转。这说明了儿童早期智力开发的极端重要性。广大家长们特别是广大农村、边远山区的年青父母们应该从中充分认识到环境和教育对孩子心理发展特别是智力发展的决定性影响，从而珍惜孩子智力发展的关键期，不失时机地进行科学的良好的早期智力开发。不然，哪怕父母自己再聪明，孩子的遗传生理素质再好，假如孩子在关键期不能受到良好的教育训练，其智力发展上所造成的损失是永远都无法弥补的。

四 端正对儿童早期智力开发的认识是使孩子变得更聪明的前提

据调查，当前有许多家长是能够正确地对孩子实施早期智力开发的。但是，也有不少家长对儿童早期智力开发存在种种不正确的认识，它们从不同的侧面在不同程度上限制了孩子智力的发展。主要问题有如下几个方面：

1. 把儿童的知识学习、智力发展和人格个性的发展对立起来，出现了片面追求知识学习的"智能中心主义"倾向，认为识字多就是"神童"。

从我国儿童早期智力开发的背景中可以看到，我国的儿童早期智力开发是在片面追求升学率的这种社会倾向下兴起的。是在人才培养中的"智能中心主义"倾向产生的同时发展的。在文化教育水平比较落后的社会主义初级阶段中，人们往往把儿童早期的知识学习和智力发展与人格、个性发展对立起来看待。全国各地的"智力开发公司""智力开发实验研究中心""智力开发培训中心"等，就是这个历史时期的产物。有不少宣传报道往往以猎奇的思想出发，进行一些片面的、夸大的、甚至与事实完全不符的宣染。例如，所谓"5岁的大学生"，等等。不可否认，它们在推动儿童早期智力开发方面曾起过一定作用。但是，不能不看到，它们自觉不自觉地在不同程度上都忽视了儿童人格、品德的早期训练，在客观上助长了社会上的"智能中心主义"倾向，从而出现了令人担忧的"小皇帝""小皇后"的现象。正如日本儿童早期教育专家井深大所说的"二十年过去了，社会发生了变化。我强烈地感到，迄今的教育仅把教育焦点集中在智力方面，只追求了'一半的教育'，而忘却了培养精神或树人的'另一半的教育'，如果从早期开始进行智力教育，肯定会培养出英才或秀才。但是，我发现，如果从增强智力的目的出发去进行'幼儿教育'则是错误的。总之，最重要之处，并非培养以知识为中心的能力，而应从培养精神、培养品德开始。我要再三强调的是，要把忘却了的'另一半教育'置于首位，而可以把智力教育放在第二位。"近几年来国际教育组织在各种会议上都在呼吁我们要扭转"智能中心主义"倾向。否则，我们的社会发展将会受到极大的障碍。联合国儿童基金会1987年在给全国家庭教育工作骨干培训班开学典礼的贺信中说："对于学前教育来说，重要的是让小孩和周围的孩子、大人发生联系，培养小孩自己去选择。决定要做什么，采取什么行动等独立思考的习惯，培养幼儿正确地使用语言、进行交流和善于思考的能力，促进儿童身体、社会能力、情感、道德和认识诸方面的成长。"可见，我们的儿童早期教育不能把智力开发和人格训练孤立起来对待。而应该让儿童首先学会如何做人，培养良好的品德和个性等方面的非智力因素品质，把德、智、体、美、劳的教育作为一个整体来对待。美国心理学家推孟关于天才儿童追踪研究的结果说明，一个人在事业上能否取得成就，在很大程度上不取决于他是否聪明，而取决于他是否具有良好的意志和性格等非智力因素方面的品质。因为人格等非智力因素是智力发展的重要条件，它在各个方面制约着智力的发展。目前，我国的"智能中心主义"倾向已经给幼儿和青少年儿童带来了精神异常等不良后果。①精神异常现象严重。我国上海市精神卫生中心会同世界卫生组织与夏威夷大学合作，于1987年对上海市4～6岁半幼儿和小学一年级到中学二年级学生进行了心理卫生调查。调查结果表明，27％的幼儿和青少年有精神偏异。造成这种偏异的主要因素是由于家庭教育环境和教育方式不当所造成的。精神压力太大，不仅幼儿受不了，就是大学生也是难于应付。据天津市学校体育卫生验收统计资料统计，在全市5万大学生中，有16％以上存在着不同程度的心理疾病，主要有恐怖症、焦虑症、多疑症、强迫症、神经性抑郁症和情感危机等。②对文化科学知识的学习形成一种厌恶心理，以反对或马虎的态度对待学习，以另一种形式去寻找刺激。当前中小学学生中所出现的厌学现象和大量的流失生就是对智能"中心主义"的一种反抗。③由于削弱或取消"副科"而造成学生的社会历史知识过于狭窄。北京市于1987年对中学生作过抽样调查，知道毛主席的只有22％，朱德、刘少奇几乎无人所知，周恩来也只有一人知道。他们印象最深的是阿童木、陈真、霍元甲。所以，如果我们现在仍不重视并纠正把智力开发与品德人格培养对立起来的这种"智能中心主义"倾向，早期智力开发就势必会离开社会主义教育的正确轨道。将会给下一代的健康成长、祖国四化建设和21世纪大量合格人才的培养带来更为严重的不良后果。

在这里还应提出的另一个问题是，更不能把婴幼儿识字等同于智力开发。有的同志在儿童早期智力开发过程中提出"零岁识字，3岁扫盲"的所谓新理论。婴儿识字作为儿童言语发展或心理发展的一个课题，对幼儿早期识字进行一些实验研究是很好的，对于探索人类潜能或儿童学习能力的状况也是很有价值的。但是，我认为作为一种"新理论"提出，一是缺乏科学性的。①它是以"个个儿童都是'神童'的这种否定个体差异是一种客观存在的见解为基础的；②它是以"没有早期教育就没有人的心理"的"白板论"思想为指导的；③它是以"以充分发展来代替全面发展"，即以识字来带动其它学习的这种学习方式为唯一发展途径的；④它是以"不要直观图形相结合的抽象化方法"来识字的。可见，这种"新理论"并不新，只不过是"智能中心主义"的另一种表现形式而已。我们还应看到它的提出将会给家庭教育和幼儿教育带来危害。在文化教育和科技发展水平非常落后、家长教育素质较差的这种历史条件下，这个"新理论"会造成人们思想混乱，家长无所适从。我们的儿童早期智力开发应该是从当前实际出发，面向未来、面向全体家长和儿童，着眼于提高全民族人口素质。如果我们把这个"新理论"当作儿童早期智力开发的指导思想并加以宣传推广，势必会更加助长"智能中心主义"倾向，把儿童早期智力开发等同于儿童早期识字。一旦把早期识字摆在不恰当的位置，又缺乏科学的教子方法，必然会给孩子的发展带来严重后果，加重孩子的学习负担，造成精神异常和身心健康受到损害并影响到儿童社会性行为等方面的发展。联合国儿童基金会在给全国家庭教育工作骨干培训班的信中说："早期刺激可以看成是早期教育的一个组成部分。对于0～3岁的儿童它更具有生理学—心理学色彩。它是通过节律感（声音的、音乐的、颜色形状变换、运动物体、时间间隔）、语言、触觉、动作—运动的安排等方式来进行的。在儿童早期刺激训练中，玩具起着极其重要的作用。"可见，识字仅仅是儿童早期刺激诸多因素中的一个重要方面，而不是唯一的因素。这一"新理论"也往往会成为守旧思想严重的人作为责难儿童早期教育的一个口实。所以提出这个"新理论"，不管你主观愿望如何好，但它的客观效果不是在推动儿童早期教育的开展，而是给儿童早期智力开发增加了困难和障碍。因此，在当前的儿童早期智力开发中提出"零岁识字，3岁扫盲"的"新理论"是不合适的。人的培养周期很长，教育的正负效果是由许多因素的相互作用所决定的；而且要在若干年后才能发现其正负效果。所以，对儿童的研究必须持谨慎态度，把勇于改革的精神和科学态度结合起来。1988年，南京一大学生杀死自己的亲生父母（分别是教授和副教授）就是"重智轻德"的一个回报。我们应从中吸取教训。

2. 把儿童早期智力开发等同于专门人才培养的"盲目的早期定向培养"的倾向。

科学的早期教育是着眼于提高全民族人口素质，为造就新型的各级各类人才服务。所以它的任务是为人才大厦建构牢靠的墙基。但是，目前不少社会人士和家长却忽视了这个基本点，既不考虑社会主义教育目标的要求；也不考虑自己孩子的实际情况，盲目地给孩子进行早期定向培养。这是我国儿童早期智力开发面临的另一个严重问题。

近几年来，不论是南方，还是北方；不论是城市，还是乡村，在社会上涌现了一股"学琴（钢琴、电子琴、小提琴等）热""画热"和"识字热"，对此，每个家长都应该冷静地思索和选择，决不能盲目地赶时髦、坑孩子。每个儿童早期教育工作者也不能在这股风的面前迷失方向。

自从党的十一届三中全会采取开放改革的方针政策以后，随着生产力的发展，人们物质生活水平的提高，精神文化生活的要求得到了发展。人们在工余闲暇之时，不仅要求参加一些高尚的娱乐活动；而且还希望拥有一些高档的娱乐器具，钢琴、电子琴、小提琴、书画等自然地进入了千家万户。它标志着中国人民的精神文化生活的新发展。它对于陶冶人们的情操、提高人们的艺术修养和道德水平以及开发儿童智力、提高全民族的人口素质、培养更多的特殊人才无疑会起到极大的作用。从这个角度讲，"琴热""画热"等是件好事，应当给予肯定和支持。

然而，有不少年青家长却从另一个狭小的视角来看待"琴热"。他们错误地认为"琴"和"画"等是使儿女聪明成"家"的基本手段。因此，不顾自己的孩子是否有兴趣和条件，强迫年仅几岁的孩子整天呆在家里练琴、学画、识字，每天少则4～5个小时，多则8～9个小时。有的孩子甚至每天早晨五点钟就得爬起来练琴，练到吃早饭，吃罢早饭又赶忙去上学。孩子整天过的是个"三室（卧室、教室、琴（画）室）生活"。孩子正常的社交学习和游戏活动被剥夺了，欢乐的金色童年变成了痛苦的岁月。这些家长把自己的理想和愿望强加给现代孩子，不顾孩子是否有学琴、学画的素质，也不考虑自己是否具有辅导教育的可能条件，盲目地强迫自己的儿女进行早期定向培养。

其实，科学的儿童早期智力开发是面向全体儿童的基础教育的基础，是人才成长的"营养基"。它不是早期定向培养的"超前教育"。它与盲目主观地把孩子当作"家"来进行早期定向训练的错误倾向更是不同的。儿童早期可以利用琴棋书画识字等作为早期智力开发的内容之一，以培养孩子的兴趣、丰富孩子的生活、发开智

49

力、陶冶情操。但不应该一开始就作为培养"家"的手段来对待。在孩子"玩"的过程中,如果发现他有很好的天赋,才可以指导孩子"学艺"。研究证明,并不是所有孩子都可以进行早期定向培养的。即使是那些有天赋条件的孩子可以进行早期定向培养,也不能片面地成天到晚都学琴、学画或识字,还必须以全面发展和多种教育为基础,让孩子有学习其它知识和社交游戏活动的时间,就是在早期定向训练过程中,也还要根据孩子生理发育与心理发展的特点,采用科学而又有趣的方法加以组织和诱导,不能蛮干和强制。那种不顾孩子的实际而盲目地给孩子进行早期定向培养和不讲究科学的做法是十分有害的。其一,会使孩子知识贫乏单一,思维呆板、单向,社会适应能力严重缺失;其二,会降低孩子的学习热情,影响多方面的兴趣发展或形成一些不良学习态度和习惯;其三,有可能形成对立情绪和异常心理、畸形性格;其四,会使儿童的体质下降,甚至会断送孩子的小生命。辽宁一个5岁的姑娘断送在钢琴下,一个7岁的男孩企图用小刀使自己的手指残废的血的教训就是对盲目强制孩子进行早期定向培养、每天长时间练琴的家长的反抗。广大的家长应从中认识到,这样的做法不是爱孩子,而是爱自己的面子,摧残孩子。作为一个现代孩子的家长,可不能盲目地强行给孩子进行早期定向培养,一定要既有正确的育儿观,又有科学的育儿方法。这样才能使儿女成为各种"龙""凤"。

3. 把儿童早期智力开发等同于儿童系统学习知识的"小学生化"的倾向。

有的家长认为,要使孩子聪明,就要多学知识,而且要象小学生一样来学习。儿童早期智力开发要不要学习知识呢?当然要。但是,儿童早期的知识学习和小学生的知识学习有许多方面是不同的。

在学习的知识内容上，儿童早期智力并发的要求是最基本的浅显易懂的日常生活中的自然和社会常识；而不是抽象化、概括化和系统化的某方面的专门基础知识。在学习方法上，儿童早期智力开发是以游戏、玩耍和参观等活动为主；而不是以静坐学习的方式为主。在学习的时间安排上，儿童早期知识学习要以孩子求知欲的高低来考虑学习时间的长短和学习次数的多少；而不是规定每天必须上几节课，每节课必须 40 分钟。在学习的要求上，儿童早期知识学习有比较大的弹性；而不是带强制性的必须在一定时间内非完成不可，……。目前，据我校学前专业在几个省的调查和我在湖北省公安、荆州、孝感等地了解的情况看，不论是城市还是农村的儿童早期教育，特别是一些小学办的"学前班"或幼儿园办的"小学预备班""育红班"，多半是属于后者，而不是属于前者。他们把 3～6 岁的幼儿都组织到"学前班"，系统地学习小学的教材。可见，当前儿童早期智力开发"小学化"的倾向是比较严重的。这种做法一方面大大地加重了儿童的精神负担，剥夺了孩子通过交往、游戏玩耍来学习的方式，阻碍了孩子社会性行为的发展和社会适应能力的提高。另方面它违背了儿童身心发展的规律，严重地超脱儿童认识发展的实际水平，使儿童本来感到很有趣味的学习反而感到是一项负担，甚至成为痛苦的事情，给以后的学习造成严重的心理障碍。这种望子成才心切的结果往往是欲速则不达。所以，不论从儿童身心健康的角度，还是从成才的规律看，儿童早期智力开发中"小学化"的倾向是不可取的。对于一些有天赋的超常儿童，由于认识能力发展较快，可以提前接受比较抽象概括的某些知识时，也应该从其发育成熟的特点来考虑，不能什么都象小学生一样的要求。否则，对孩子的全面和谐、健康的成长是会有害的。

51

4. 把儿童早期智力开发等同于超常儿童教育的倾向。

不少家长都有一种倾向，不仅希望自己的孩子聪明，而且往往把自己孩子的聪明程度估计过高。他们认为儿童早期智力开发就是培养天才的教育，每个儿童都是“神童”。因此，拥护儿童早期教育者，便从天才教育的角度来组织实施儿童早期教育。对儿童产生过高的不切实际的期望，否定了儿童的个别差异。这样，必然会给儿童增加巨大的精神压力，影响儿童的健康成长。青海的一位母亲把自己9岁的孩子打死，也许就是认为她的儿子应该是个天才。反对儿童早期教育的人，则给儿童早期教育戴上“只顾少数、忽视多数”的帽子并当作天才教育来批判。其实，儿童早期智力开发与超常儿童教育是既有联系又有区别的两种不同的事物。从联系方面看，超常儿童的发现一般都要通过儿童早期智力开发学习活动，不通过早期智力开发的学习活动是难于发现超常儿童的。超常儿童教育的经验对于儿童早期智力开发水平的提高亦有参考价值。儿童早期教育不仅有利于发现和鉴别超常儿童；而且还可以加速超常儿童的发展。从它们的区别上看，儿童早期智力开发是面向全体儿童的启蒙教育，目的是为了提高全民族人口素质。超常儿童教育是针对极少数儿童的超前教育，目的是为祖国四化建设高级人才的培养而探索规律。所以，我们不能从培养天才的天才教育的角度把儿童早期智力开发等同于超常儿童教育而加以肯定或否定。应该在重视儿童早期智力开发的同时，注意发现和加速培养超常儿童。这样做，对国家、对家庭、对个人都有好处。相反地，如果是发现了超常儿童而不给予创造条件加速培养，那是我们的失误。

五　一株幼苗为什么能结出一万二千个西红柿

在 1985 年的筑波国际科技博览会上，最引人注目并广为传颂的话题就是为什么一株小小西红柿幼苗能结出如此丰硕的果实，创造出神话般的奇迹。

在博览会的一个馆内，一棵枝叶覆盖面积有 14 平方米之宽的西红柿在一个大玻璃房里生长着，仅在几个月内结出了 12000 个西红柿。人们对此赞叹不已，百思不解。也许有人认为这是一种新品种或用特殊的基因工程技术所取得的成果。事实是，它是没有进行过人工改良的一棵极为普通的西红柿种子发芽之后培育起来的。是日本兵库县筱山泽重雄用 23 年时间苦心经营（用"水耕法"）的结果。"水耕法"的特征首先是脱离土壤，也就是说，不在土壤里，而是在水槽里进行培育。水是普通的水，把普通的肥料以适当的浓度溶化在水里，使它成为植物的营养成分。然后进行水温和水流的管理，并充分供应氧气和保证充足的阳光。在这种条件下，西红柿的生长就不受土壤的限制，完全可以靠自己的潜能自由成长，在优秀环境条件下使西红柿的生理机能和潜能得到最大限度的发展。这样西红柿的叶子是绿油油的，结出的果实也是红红的，质地好、甜而且水份多，完全和普通西红柿的味道一样。

我们从这棵魔术般的西红柿中得到的启示是：①生物的发展中，遗传所给予的潜能很大。在较好的遗传素质基础上（请注意，这株幼苗是这一大批种子撒下去后长得最好、最壮的一株幼苗。这不能不说它的遗传素质也是比较好的），如果后天环境中的肥、水、氧、阳光、温度、湿度等各种变量都处于最佳状态，遗传所提供的发展

53

上限就可以最大限度的实现。人类个体也如同此理。因此，我们的儿童早期教育就要在找到影响孩子聪明的诸多因素的同时，必须使诸多因素都处于最佳状态；而不是这个因素是处于最佳状态，哪个因素又处于最差状态。只有从整体的系统结构的观点来开发儿童的智力才能得到最大效果。②有了较好的遗传素质，如果因袭传统的培育方法也难于结出奇迹般的果实。所以，还必须有新的科学方法来培养，才可能有新的突破。新的科学方法的突破又来源于思维方式和理论观念上的突破。"水耕法"就是首先有理论和观念上的突破才诞生的。因此，我们的儿童早期教育也是如此，首先要有观念上的变革，才能带来形式和方法上的创新。当然，人与其它动物、植物不同。人的研究要特别谨慎，不能简单化、片面化。但是，不可否认，从科学价值的角度看，"水耕法"给我们人类社会如何认识人类的自身个体的发育成长规律、如何抓好儿童发展的关键期教育，最大限度地发挥祖辈所赋予我们的遗传潜能去造福于人类社会是很有启迪的。

六　重视对弱智孩子的早期矫正，力争达到正常水平

　　所谓弱智孩子是指智力水平低下的孩子。现代科学认为，弱智或缺陷儿童的矫正教育效果与年龄成反比，即年龄越小矫正的效果越好，甚至有的疾病如果不早期诊断与治疗，会造成终生不治之症。例如，侏儒症是因为甲状腺功能失调所造成的。如果在出生不久就能发现这种病情，及时用甲状腺荷尔蒙治疗，则相当有效。但是，如果治疗迟了，则会变成一种永久性的智力落后。又如，苯丙酮尿症引起的弱智儿童，是孩子自身的一种新陈代谢作用失调所导致的。

由于有机体内无法将存在于蛋白质的苯丙氨基酸进行转换，因而成为一种毒性物质并循环于机体内，从而破坏脑细胞功能。这种疾病在出生后 1 个月内，通过小便检查可以测定出是否有此病症。在出生后 1 个月内进行治疗者，大部分都可以有正常的智力。到 3 岁才开始治疗的，有极少数能有效。年龄再大进行治疗者就无法治愈了。具有这种病症的孩子，在其长大成人之后，其智力只能达到小学一年级水平，在语言发展上也有严重障碍，甚至不会说话，行为表现过分好动，很容易分散注意并难于管理。又如，听觉缺陷方面的孩子早期发现和治疗还可以防止形成聋哑。如果过了语言发展的关键期，要学会说话就很困难了。所以，不论是弱智或缺陷儿童的早期发现与矫正教育问题都应该作为儿童早期教育的目标之一来对待。

弱智是一种由多种病因导致中枢神经系统受到损伤、大脑功能发生障碍的综合症，它以智力低下、语言和心理反应迟缓、社会顺应行为差为特症。

（一）弱智儿童的诊断

弱智儿童的诊断是一件非常严肃而又复杂的工作。西方国家在传统上都用智力测验的结果为依据，还应该从生理状况力面进行必要的检查，了解其感觉器官、染色体、脑电图等是否正常，有无慢性疲劳、慢性传染病、营养不良、睡眠失调、心理状态不佳、情绪焦虑等方面的生理与心理健康方面的问题。此外，还应进行家访，了解儿童在家庭生活中的种种表现。最后将各种材料进行综合分析和整理才能比较准确地诊断儿童是否弱智，千万不要轻率地给一个儿童下智能发育不全或弱智的结论。

（二）弱智儿童的分类

根据国内外专家的研究，把弱智儿童按其语言、行为等表现分为三个等级。

1. 轻度（智商在 50～70 之间）其表现是生活能自理，能从事简单的劳动，掌握简单的劳动技能，语言比较连贯，但学习困难，特别是数概念和计算的学习能力差，最多只能完成小学的学习任务。

2. 中度（智商在 30～49 之间）其表现是生活上能半自理，能掌握一些极简单的动作技能，但不协调。能学会简单的生活用语，但缺乏连贯系统性，能掌握简单的数概念，不能入学学习。

3. 重度（智商在 29 以下）其表现是生活完全不能自理，动作困难，语言缺乏，不识数。

（三）弱智儿童在生理与心理方面的主要特征

1. 在生理方面的特征。

①大脑发育不全，轻度弱智儿童的大脑在大小、重量和形态上和常态脑无大差异。中度和重度弱智儿童的大脑在形态、质地等方面都有明显差异。

②在体态外貌上有明显的异常，有的弱智儿童有宽大的脸庞、眼距大、扁平的鼻梁呈马鞍形，杏仁状的眼睛，粗糙的皮肤，手指粗短且有茧状物，有的是头与身体的比例、与额、腭等比例不对称，眼神显得呆板，笑不自然等。

2. 在心理方面的特征。

①感知观察能力差，难于辨认事物的异同，速度慢、范围狭、

内容贫乏。

②注意力差，难于集中、稳定和转移。

③记忆力很差，不仅长时记忆难于形成，就是眼前刺激也必须多次反复才能有所认识。再现时往往发生严重的歪曲和错误。

④言语能力低下，词汇贫乏，缺乏连贯性准确性。

⑤思维能力弱，特别是抽象概括能力、逻辑推理能力和创造能力差。

⑥个性方面表现出异常的自卑、情绪紧张、胆小、怯弱等。

（四）弱智形成的原因分析

根据国内外大量临床分析，造成弱智的原因主要有：

1. 遗传因素的影响。

①遗传代谢病，如苯丙酮尿症。

②染色体畸变，如三色体病，即在第 21 对染色体上多了一个额外的染色体，这种病态称先天愚型。若第 14 号染色体中之一个与第 21 号中的一个联合并附着于第 21 号时，这种易位染色体的携带者本人是正常的（多是女性），但将来生的孩子中有 15% 可能是"伸舌样白痴"。

③遗传突变。如脊柱裂会严重影响智力发展。无脑婴儿也属这一类。

④其它与性别有关的遗传疾病也有导致智力低下的可能。

2. 产前环境与物质因素所致。

①孕期受 X 射线照射、患病、服药、营养不良等因素导致大脑发育功能障碍等。

②孕期精神创伤，情绪极度紧张等。

57

3. 产程因素。

①产程过长造成新生儿缺氧。

②产程过短造成婴儿头内毛细血管破裂出血，从而影响大脑正常发育。

4. 产后因素。

①某些疾病的后遗症。如脑炎、脑膜炎。

②营养不良。

③打击或碰撞头部致伤。

④中毒、缺氧、颅骨缝合过早。

⑤大脑皮层萎缩。

⑥社会学习机会和交往、语言的剥夺。

（五）弱智儿童的治疗和教育

根据智力常态曲线分布，一般认为智力低常（弱智）儿童约占3‰左右。我国在 23 万人口的普查中，也发现占总人口的 3.4‰。但是，近几年来，有的报道不完全一样。有的说，国外 30 个新生儿中就有 1 个智力落后者。北美洲每年出生 13 万有缺陷的婴儿。全美国约有 600 万智力落后的儿童和成人，占美国总人口的 3% 左右。苏联有的地区智力落后者占 13%。虽然这些比例数字都不一致，但弱智儿童的数量都不小，如果不能早期诊断和治疗矫正，不仅社会和家庭是个极大的负担，而且他本人也极为痛苦。所以我们必须重视做好弱智儿童的早期教育工作。

对弱智儿童的教育一般都采用综合治疗的办法，即：

1. 药物治疗，针对其病因进行吃药。

2. 营养辅助治疗，根据儿童的需要补充必要的营养素。

3. 心理与教育训练。这项工作需要家庭、医生与托幼工作者（教师）密切配合，统一要求。首先，对弱智儿童不能歧视、讽刺、挖苦、嘲笑、捉弄，要尊重他的人格，多鼓励他进步，提高自信心。其次，要尽量给他提供学习活动的机会，指导他不断获得成功。再次，就是对弱智儿童不能要求过高过急，要有耐心和热情。最后，要针对弱智儿童的特殊性进行特殊的行为训练。

第五章　对孩子的聪明程度
要作客观全面的评价

60

　　常言说："人心不同，各如其面。"人与人之间的智力是有差别的。心理学家长期研究的结果表明，特别聪明的人是极少数、特别愚蠢的人也是极少数、绝大多数人都属中等程度。当然，中等水平也还有中上、中中、中下之别。人们之间的这种差异是由于每个人都有其独特的自然基础，即与别人不同的遗传基因和遗传素质。例如神经细胞的数量与质量的不同、神经细胞排列组合方式不同而构成的神经网络结构系统不同，感觉器官的构造与功能的不同，神经系统的类型不同，等等，都是形成聪明程度差异的基本条件。这些独特的自然基础给孩子的智慧发展提供了可能性。孩子出生后，所生活的具体环境和所受到的教育是不同的，那怕是同卵双生，看起来吃、穿、用、玩等都完全一样，实际上在许许多多生活细节上也不可能是一样的。随着年龄的增加，孩子学会了说话、走、跑、跳以后，各人的活动内容和范围更是千差万别，各人的兴趣爱好更是丰富多彩。出生后的这些微观环境教育和活动若是良好的，则可以变发展的可能性为现实性，若是不良的教育和活动就可能阻碍发展的可能性变为现实性。这就是形成人的智慧千差万别的基本原因。所以，作为一个家长，首先应该树立一个人的聪明才智有差别的观念。有了这个认识，你才能客观地评价自己的孩子，而不致于失之偏颇，才能领会到"行行出状元"的道理，才不会因自己的孩子聪明而忘乎所以，也不致因自己的孩子不聪明而悲观失望。自己的孩子比别人的孩子强当然很好，应帮助他更好地发展。如果自己的孩子确实不如别的孩子，也不必丧气，应尽自己的努力去发展他的才智，"勤能补拙"，帮助他将来找个适合他的才能的工作。如果总是抱着"个个儿童都是'神童'"的观念，就会产生"恨铁不成钢"的思想，导致评价孩子中出现偏差，教育孩子中出现失误。

怎样才能做到客观地全面地评价孩子的聪明程度呢？有的家长迷信智力测验，不仅愿意付出5元钱的测验费；而且也舍得时间从几十里、甚至几百几千里路之外来为孩子测定智商。智力测验确实可以作为评价孩子聪明与否的一种手一段，但它不是唯一的手段。智力测验所测得的智商也可以作为衡量一个孩子聪明程度的客观指标之一。但它不是唯一的指标。我们认为，科学地评价孩子的聪明程度，必须采用综合鉴别法，而不是采用单一的方法。综合鉴别的方法主要有如下几个方面。

61

一 家长自己的观察结果是一项重要根据

常言说："知子莫若父"。家长和子女朝夕相处，孩子的一言一行、一举一动都可以展现在家长的眼前，年龄小的孩子，每天与家长接触的时间就更长，家长对孩子的种种表现了解得就越全面。有位家长带一个3岁的孩子去看"白毛女"歌剧。在几日后，当这个孩子听到"白毛女"中的一段白毛女进深山的音乐后，孩子就告诉妈妈说："妈妈，白毛女到深山里去了。"妈妈从中就发现了这个孩子的形象记忆能力比较强。又有一位家长和他的大儿子下象棋时，3岁的小儿子也坐在旁边观战，在这不知不觉中，这个小儿子不仅认识了象棋的字，而且也理解了下象棋的规则。在看他人下军棋时，也是如此。这位家长便断定这个孩子的学习能力较强。还有一位家长，对自己2岁半还不会说话的儿子非常担心，怀疑他是痴呆。有一天，母亲便教儿子认一个"王"字，看看他能否认得并记住。结果，不仅当时学会了，在第二天的一个偶然机会中，小孩看到窗子上的铁皮缺口象个"王"字，他便大声的告诉妈妈，这是"王""王""王"。在家庭日常生活中、家长和孩子的交往和游戏玩耍活动中，这一类的例子举不胜举。家长自己如果是个正常的成年人，对于聪明与否应该有一个基本的判断标准。除非家长自己是一个智力异常者或粗心大意的人，一般说来对自己孩子聪明的判断是"八九不离十"。当然，也难于百分之百的准确。因为家长对自己孩子的厚爱，往往会带有浓厚的情感色彩，出现一种"晕轮效应"，夸大孩子的优点，缩小孩子的缺点，导致评价上的偏差。尽管如此，还是不能否认，家长对孩子聪明与否的判断基本上是准确的。这一点应该有自信。

62

二　和同龄伙伴互相进行比较

"有比较才有鉴别"。同龄孩子尽管在生理发育和智力发展上都有差异，但是，他们之间都有一般性的共同特点。儿童心理学中讲的儿童年龄特征，就是讲某个年龄阶段的儿童所共同具有的心理特征。所以，和同龄孩子的各种行为表现相比较（如在完成某种任务或作业时的准确性、速度和数量的优劣情况、或者在孩子们在一起开展游戏活动或其它活动时），就可以判断出那个孩子较聪明或愚笨。有位家长曾经把自己 3 岁的孩子和一个同龄孩子在玩的时候，同时教他们认识一个字。结果，自己的孩子教 6 遍才认识，而另一个孩子教 3 遍就认识了。到了第二天再检查时，自己的孩子对昨天认的字忘得精光，而另一个孩子却能很快认出。从这一个简单的比较实验中可以看出，在日常生活中，通过孩子们在一起游戏、玩耍活动过程中的种种表现，大体上可以从他们的行为表现的比较中看出哪些孩子聪明些，哪些孩子显得迟钝些。家长们只要有意识留心观察，这是不难做到的。当然，如果有时间和机会，象前面的那位家长一样，找一些同龄伙伴一起组织一些简单的比较实验，当然就更能说明问题了。

三　用婴幼儿发育指标对照自己孩子的发育情况

孩子在什么年龄，其动作和言语、社会适应行为等方面应达到什么水平，都有一定的规律和程序可循。不论是国外还是国内，汉族还是少数民族，男性还是女性基本上都是相同的。为了帮助广大家长能及时了解自己孩子发育的情况，许多人对此进行了研究和概括，拟定了一些比较可信可用的心理发展指标。例如，出生后动作能力和握物技能的发展一般都是按图 3 和图 4 及表的顺序发展的。"思维是动作的内化"，婴幼儿动作的发展在一定程度上反映了孩子智力发展的水平，年龄越小的孩子，动作发展的项目越多。

63

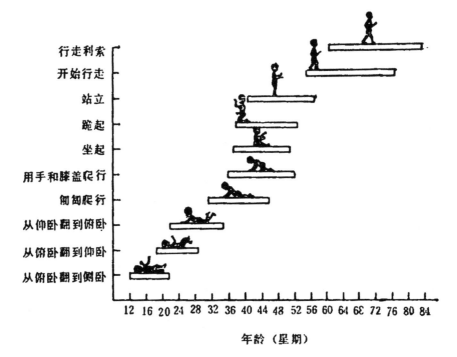

图 3　动作能力的发展

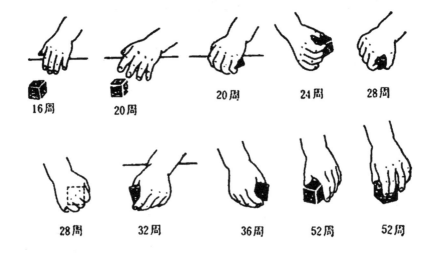

图 4　握物技能的发展

64

家长可以按图和表上各个年龄段所要达到的水平与自己的孩子相比较，就可以发现是超过图、表中规定的水平还是落后于图、表中规定的水平。婴幼儿动作的发展水平是孩子聪明程度的一种外部指标。婴幼儿的智力测验项目中所以有许多动作发展的内容，就是因为动作发展是智力发展的外部表现之一。因此，家长了解一些儿童生长发育的一般知识对于评价自己的孩子的智力发育是否正常、健康很有好处，可以使自己心中有数，教育得当，收到较好的效果。

为了帮助家长们能比较准确地评价自己孩子的心理发育情况，在这里把我最近编制的一份婴幼儿身心发展测验的参照指标列出来供家长们在鉴别孩子身心发展水平时作参考。也可以把这些项目当作心理发展训练的内容。

婴幼儿期身心发展的参考指标：

婴幼期系指孩子入学之前这个时期，其中又可以分为乳儿期（出生到1岁），婴儿期（1～3岁）、幼儿期（3～6岁）。婴幼儿期的身心发展一般分为动作的发展和心理的发展两个体系。每个体系自身又分为若干方面。例如，动作的发展又可以分为大动作与小动作的发展；心理的发展可以分为认知能力、情绪、社会性和个性或人格的发展。认知发展又可以分为感觉、知觉、注意、记忆、想象、思维等方面的发展。所以，我们在运用参照指标时应全面地考察孩子的身心发展水平。为了家长们的方便，我们按乳儿期、婴儿期、幼儿期三个不同的阶段孩子身心发展的特点分别进行介绍。

（一）乳儿期（出生到1岁）身心发展的参照指标

1. 乳儿期动作发展的参照指标。

孩子出生的头一年是身心发展的第一个高峰期，其身体动作的发展基本上按如下原则进行。

①从整体性动作到分化性动作。孩子最初的动作是全身性的、笼统的、弥散性的，以后才逐步分化为局部的、准确的、专门化的动作。例如，给新生儿一种痛觉刺激，他不是某一被刺激的局部引起反应，而是引起全身的反应动作。把小手绢放在2个月的孩子的脸上或蒙住眼睛，也会引起全身性的乱抓乱动。但是，孩子到了5个月时，他却能开始用双手向手绢方向去乱抓了。而到了8个月的孩子却能毫不费劲地用手把手绢拉下来。

②从上部动作的发展成熟逐步到下部动作的发展成熟。乳儿期的孩子首先学会的动作是抬头，然后才是俯撑、转身、坐、爬、站立、行走、跑跳等。（参见图3 动作能力的发展）。

③从大肌肉动作到小肌肉动作的发展。乳儿期首先是身躯大肌肉的发展，如头部动作、身躯动作、双臂动作、腿部动作等，以后才逐渐出现比较灵巧的手部的小肌肉动作，以及较为准确的视觉与动觉的协调（即手眼协调）动作。孩子的手的动作在半岁后学会拇指与其它四个指头对立抓握的动作，学会和形成手眼协调活动的动作。（参见图4 握物技能的发展）。

2. 乳儿期心理发展的参照指标。

国外的一位心理学家麦卡尔认为，乳儿期心理的发展大约有如下三个阶段：①0～2个月，孩子基本上只是对一定的刺激起反应，它与婴儿感知系统预定结构相匹配。②3～7个月，对环境探索更活跃。但是，对世界的认知完全是主观的。③8～13个月，活动的方式、手段能从目的中分出来，自我意识开始出现。

在乳儿期早期（前期），一般人认为，只具有简单的感觉或本能性知觉，到了中后期才逐步形成较为复杂的知觉活动。例如，到了5、6个月时就能清晰地辨认照料自己的亲人，出现"认生"现象。有人认为，评定乳儿的感觉能力需要两个条件：①乳儿能否察觉到眼、耳前存在的客体或刺激源；②乳儿能否区别物理上（光、声、力等）不同的刺激，这种区别达到了何种程度。具备了这两个条件的乳儿就可以检查出其感觉能力的发展水平如何。评定乳儿感觉能力发展水平的方法主要有：①对特定刺激有无形成相应的反射行为，②能否形成定向反射的习惯性动作，③在刺激物作用下能否出现身体运动和面部表情，④眼睛注视物体的时间及其长度如何。

3. 乳儿期的认知能力发展参照指标。

感觉和知觉的发展　孩子出生后最早出现的是皮肤感觉（包括触觉、痛觉、温觉和冷觉）、嗅觉和味觉。新生儿能区分好几种气味，能区分不同浓度的糖溶液。最初几天的新生儿就可以发现味觉方面的性别差异，女孩比较喜欢甜味。肤觉的性别差异在新生儿中也有所表现，女孩较为敏感。新生儿的触觉已高度发展，当皮肤各部受到刺激时，就能产生不同的反应，其中特别敏感的是嘴唇、手脚掌、前额和眼睑等部位，孩子出生时就能对光刺激引起反应，能用眼睛追随视觉刺激。一般情况下3～5周时视觉能集中5秒，3～4个月时视觉机能发展比较完善，能集中7～10分钟时间，视距可达4～7米。能分辨红、黄色灯光。5～6个月孩子可以注视远距离的物体，如街上的行人、汽车，天上的太阳、月亮等。

有的实验说明，出生第一天的新生儿就有听觉反位，其中有83.31％的新生儿反应较快。他还能区别音高、音响和音的时间长度。新生儿对妇女说话的声音要比对铃声作出更多、更有力的反应；而且在听成人说话时，能准确地使自己的身体运动与讲话人的声音

67

模式同步。孩子到了2～3周能主动地对各种不同的声源作出不同的反应，到3～4个月时能用视线去寻找声源并建立视觉与听觉的联系。

新生儿的知觉发展较早。研究认为，出生后1～15天的新生儿在"品尝了"858口糖、盐、奎宁、水和柠檬酸等溶液时出现种种不同的反应。新生儿对糖溶液的反应是吸吮动作，对奎宁的反应是作怪相。新生儿出生10小时就能辨别不同的图形，喜欢看正常脸型的图片，不喜欢看缺少口、眼、鼻等器官的图片或将口、眼、鼻等器官乱加配置的脸型图片。有人认为2周岁的乳儿就已经有了三维知觉，到6个月甚至更早一点的乳儿已有了深度知觉。

注意的发展　新生儿已有不随意注意，对于外界的各种强刺激物或剧烈的变化或彩色鲜艳、活动着的物体都能引起乳儿的反应。有的新生儿在哭时，一旦听到妈妈的说话声或某一种音乐时就停止哭泣。乳儿到了2个月已有明显的主动注意，例如，成人的脸部表情、说话的声音和语气都能引起他的注意。但是，稳定性差，基本上仍属无意注意的范畴。到了6个月以后，注意发展较快。

记忆的发展　新生儿已出现了简单的记忆。当新生儿抱成吮奶的姿势时，他就会出现准备吃奶的动作反应。孩子到3～4个月已开始认识各种事物和人。6个月左右已经能辨认自己的亲人，出现了再认现象。到1岁左右能回忆起几天前出现的事物，但保持时间短，仍属不随意记忆。研究认为，从乳儿个体记忆的发展程序上看，运动性记忆出现最早（出生后1周左右即可察觉到），其次是情绪记忆（半岁左右），然后是形象记忆（半岁以后），词的逻辑记忆（在1岁左右）。

言语的发展 乳儿期是言语的准备期。一般情况下，孩子的哭是发音器官的练习。精心的母亲可以从孩子不同的哭声中了解到婴儿的不同需要。这时的哭声属本能性的反应，为言语发展创造良好的物质条件。孩子到了3～4个月，开始"呀呀学语"，在吃饱、睡足和干净的清醒状态下表现最为明显。到5个月时能拉长声音发出喉音，半岁能发出一些音组，但还不是言语。7个月起开始理解一些词的意义并接受成人的指令，作出一些答应性动作（"虫虫飞""做怪象""再见"等）。但是，这仅仅是词的音调的信号，还不是词的内容的信号。到了11个月后才能真正理解一些简单的词义。到1岁左右开始学会说单词句，从消极词汇发展为积极词汇。

思维的发展 乳儿期的思维是前言语动作思维。它是对动作与活动目的关系以及事物间的简单关系的认识，并能学会用一些简单的思维来解决一些实践问题。例如，有个男孩，刚到1岁时，他就知道大饼子比切开的小块饼子好。当你送给他小块的饼子时，他不要而要大饼子。当成人把大饼子夺走，再给他小饼子时，他不仅不要小饼子，而且哭闹着并用小手有力地把小饼子打掉，而去抢大饼子。

4. 乳儿期情绪、社会性和个性发展的参照指标。

情绪的发展 新生儿出生后就已经有积极和消极（即愉快和不愉快）两种情绪。这些情绪都跟他的生理需要是否得到满足相联系。随着需要的变化和认识的发展，婴儿情绪产生的原因、性质和表达方式也越来越丰富。1个月时会主动出现微笑。到3个月时逗引他，他可以笑出声音。到6～7个月时对于照料他的亲人产生了一种特殊的依恋情感。到1岁时，开始出现了简单的同情心，能和成人的情感共鸣。例如，当妈妈哭时，他也会哭。这时孩子已经有恐惧、厌恶、发怒、快乐、高兴、情爱等情绪表现。

社会性行为的发展　人的社会行为是通过与周围人的交往活动而习得的。首先是通过与父母和照料他的人之间的交往。儿童早期的种种交往对他日后的发展有重大意义。有人认为，出生后第 6 周到第 6 个月是影响孩子社会化的"关键期"。这个时期，儿童与人交往次数的多少和交流的性质都会对儿童的社会化带来有利或有害的影响。

刚出生的乳儿只知道满足身体生理需要，至于谁来满足，用什么方式满足，他并不知道。此时对人与物的反应无显著区别。到 1 个月时，第一次出现社会性微笑，并伴有一种"追求"状的声音。2～3 个月时对人发生了兴趣，当人靠近他，就高兴，若离开他时，就感到茫然。到 4～5 个月时，他会期待有人来抱他。6 个月时对成人带有不同情绪的各种声音（如高兴、不高兴、表扬、斥责等）也有不同的反应。6 个月就可以认生人和熟人。8～9 个月就可以学会一些拍手、再见等一些手势和语言。到一岁时可以接受成人的劝告而抑制自己的某些行为动作。婴儿到 3 个月时已有明显的社交需要，有时会主动地向成人"说话"，到 4～5 个月开始接纳其他儿童，并开始对同伴产生了兴趣，希望和别的孩子交往，"群集感"已有明显的表现，开始学习其他孩子的动作和声音，还会因争夺而打架，有了自己本能行为的表现。

个性和自我意识的发展　有人把出生后乳儿的表现特征分为四种类型：一是容易教养的孩子；二是发展稍慢的孩子；三是发展有困难的孩子；四是混合型的孩子。这四种类型实际上就是气质类型的表现。它是个性发展的起点。这个问题，在产房医生的护理过程中已有明显的表现。孩子出生后较长时期不知道自己的独立存在，分不清自己和周围事物的界线。7～8个月之前的孩子吸吮自己的手指就象玩玩具一样，并不理解手指是自己身体的一个部分。孩子到了1岁左右才逐步理解自己的独立存在，能够从自己的动作所产生的结果中认识到自己的力量和自己的存在，能把自己的动作作为达到某种目的的手段。

（二）婴儿期（1～5岁）身心发展的参照指标

1. 动作（2岁左右的幼儿）的发展。

总的说来，动作有了进一步发展，行走动作更加平稳，手的动作更加准确灵活。

大肌肉动作的发展

①走：能独立上下楼梯，走路较协调。

②跑：跑得稳，动作较协调。起跑时，手的姿势正确，但不能坚持到最后，半分钟能跑25～35米。

③跳跃：能双脚连续向前跳1～2米远。

④平衡：走过宽18厘米、长2米的平衡木，并能双脚跳下，多数姿势正确，能单足站立两秒钟左右，能踮着脚尖走几步。

⑤攀登：手脚动作基本协调，2岁半时能翻过高133厘米的攀登架。

⑥钻：动作自如，较敏捷（圈直径67厘米）。

⑦蹲：能随成人一起蹲和起。

⑧迈过障碍物：能迈过15～20厘米高的横架。

⑨投掷：能将2两重的沙袋投至1～2.5米远。

⑩体操：能听成人口令，做简单的操节。

小肌肉动作的发展

①握笔：姿势较正确，能从画不规则的线条到逐渐画细线条和圆圈，手指的动作协调。

②折纸：叠成方块，边角基本整齐，到2岁半时能角对角折成三角形，能一次翻一页书。

③捡豆：可分颜色一个一个捡，每分钟能捡20～25个。

④摆积木：能用积木摆出简单的物体形状，如火车。到2岁半时能用四块积木搭成房子、椅子。

⑤穿塑料管：可分颜色，3～5分钟内，穿直径0.7厘米、长1厘米的塑料管12个。2岁半时，2.5～4分钟能穿12个。

⑥能叠起7～8块同样大小的积木。

⑦能自己穿上简单的衣服、短裤、短袜等，然后可以穿鞋，会扣钮、解钮。

⑧会骑三轮脚踏车，拍皮球。

2. 认知能力（指一般性的认知能力）的发展。

感知觉　知道冷、湿、痛、累；区别红、黄、绿、蓝、黑、白颜色；言语听觉发展很快，能辨别词的声调，2岁左右就能跟随琴声作有节奏的动作；3岁时，知道物体的远近、前后、里外、上下，知道早晨上班，知道今天、早晨、晚上，能分别甜、苦、酸、香、臭。

注意　这时的注意依赖于客体的形象性、生动性和新奇性。2岁的孩子在成人启发诱导下，能对有趣的小人书、画报独立翻阅10分钟左右。对有趣的电视电影也能看半个小时左右。

观察　能发现本组缺席的是谁，能发现天气的变化，如"下雨""打雷"，可发现老师或小朋友的新衣服等。

记忆　在成人启发帮助下，可以复述1周前学过的看图说话和听过的故事的主要人物和主要情节，学会儿歌4～5首，每首4～6句，每句5～7个字。有的幼儿对某些事情听别人说过一次就能记忆。

思维　这个时期属直觉行动思维，是依靠感知和自身动作来进行思维的。离开了动作思维就会中断。这时的行动思维的特点：

①对物体的性质以及不同的空间路线之间的关系有相当的理解，对事物的因果关系也有初步理解；

②能运用表象在头脑中来表现和追踪事物，在脑子里"试验"解决问题，即已开始有了思维活动能力；

③具有初步的概括能力（如对颜色、大小、形状等）；

④进行简单的推理，预测某些行为变化；

⑤有了初步的想象能力，做想象游戏，如开汽车、打仗、玩娃娃家；

⑥初步学会"1"，用实物数数2～5，有的可以认识2～3的数概念；

⑦边玩边语（自言自语活动）的直觉行动思维，能作模仿画（十字、圆圈等）和配对。

言语　儿童从出生到2岁，是学习口头言语的关键期。1～1.5岁是孩子积极理解言语的时期，1.5～3岁是积极言语活动的时期，3岁是言语发展的加速期。

①发音：唇音基本正确，近半数幼儿仍发不好舌尖音和舌尖前音。个别儿童把"早"说成"倒"。多数儿童仍发不好舌尖后音。3岁时多数幼儿发音基本正确，舌尖音稍有困难。

②词汇：词汇数量2岁时200个，2岁半时674个，3岁时1136个。1～3岁婴儿各类词汇的数量见表8和表9。

表8 婴儿期词汇发展的情况

词 类	二岁	二岁半	三岁
	135 个	429 个	647 个
动词	37 个	135 个	280 个
形容词	12 个	38 个	71 个
代词	4 个	10 个	17 个
数词	3 个	11 个	16 个
量词	1 个	10 个	24 个
副词	3 个	14 个	33 个
连词	—	3 个	7 个
助词	—	5 个	10 个
叹词	5 个	19 个	31 个
合计	200 个	674 个	1136 个

③句子结构、表达能力：

这个时期句子结构起了变化，从单词句发展为双词句、多词句，不仅句子的字数增加了，而且句子结构也复杂化、完善化。复合句迅速增加，陈述句、疑问句、祈使句和感叹句相继出现，到3～4岁基本上掌握了本民族语言（母语）。但是，次序颠倒，句子成分不完整的现象时有发生。言语多情境性，缺乏连贯性和独白语，多为对话言语。例如，2岁时能说主谓句的是少数，多数是谓宾句如，"坐吉普车"。

表9 婴儿期词汇内容的发展

类 别	二岁	二岁半	三岁
	21	36	55
人体	16	31	41

续表

类别 ＼ 年龄	二岁	二岁半	三岁
环境房屋	9	51	73
生活日用品	12	125	177
饮食	24	76	108
玩具	7	24	46
动物	17	38	60
交通工具	9	16	26
自然常识	3	20	27
空间		3	8
时间		3	11
其它		6	15
合计	135	429	647

一般能说 6～7 个字的句子，最多能够说 15 个字左右。对言语的理解，1 岁时能用语词标志身体某些相应的部位，还知道自己的姓名，会用"我的"物主代词，3 岁时能用"我"来表达自己的心理状态和愿望。

3. 情绪、社会性和个性发展的参照指标。

①有了初步的是非观念，知道好人与坏蛋，知道好与不好，美（漂亮）与丑等。

②有了初步的社交能力（在家庭与幼儿园班上的范围内），愿意和要求与其他小朋友一起玩。能主动和他人打招呼，能主动帮助小朋友和大人，能把东西分给他人吃。

③有了初步的坚持性和自制力，知道不打扰他人，不惹人生气，

不留恋父母，能克服一些困难。打针时能克制自己不哭。

④社会性情感增加，有了初步的同情心和谦让精神和羞耻感，可以把自己喜爱的玩具让给别人玩，自己吃了亏不报复。此时出现好胜心和嫉妒心，责任心开始萌发。

⑤初步学会自己吃饭、睡眠、盥洗、大小便、穿脱衣服，独立生活能力发展较快。

⑥随着独立性的增加，社会性行为有了较大发展。随着学会走路、跑跳的动作，活动范围大大扩展，初步掌握了言语工具后交往活动更为频繁深入。因此，独立自主性大大增强，自我意识有了发展，初步认识了自我和自我的力量，常常拒绝接受成人的命令和要求，或以抗拒、退却沉默等消极方式与成人对抗。什么事都要自己争着做，不愿接受成人的帮助，出现了第一个"自主期"（传统的错误观念称之为第一反抗期）。尽管母子关系上是一种保护与被保护的主从关系，但是在孩子的伙伴关系上却是平等合作关系。这个时期，孩子的行为基本上是自我中心主义的，难于分清现实与理想的界线。行为性质谈不上道德不道德，而是依成人的态度而行动。

（三）幼儿（3～6岁）心理发展的参照指标

孩子到了幼儿期，各种动作已经发展得相当成熟。认知能力有了较大的发展，不仅是从直觉动作思维向具体形象思维发展，而且具有一些简单的低级的抽象逻辑思维。这就为他学习更为复杂的自然与社会常识创造了条件。情绪和社会性行为变得更为复杂，个性初具雏形。

1. 幼儿身体和动作发展的参照指标。

幼儿期的身高体重发展速度虽然仅次于 3 岁之前，但在整个人的一生中却处于第一个高速发展阶段，身高体重是儿童发育的重要指标，它们标志着内部器官，如呼吸、消化、排泄系统及骨骼系统的发育状况。所以，体格检查首先要测量身高体重。

儿童身高在 2 岁以后每年增加 4～5 厘米，体重增加 1.5～2 公斤，在 5 岁之前比 5～12 岁之间增长的速度相对快些。可以用下面的公式计算儿童的身高和体重。这个公式容易算，但不精确，只能作参考。

身高（厘米）＝年龄×5＋80　　（2 岁以后）

体重（公斤）＝年龄×2＋80　　（1 岁以后）

儿童的身高体重，各地区都有自己的常模，可以自行对照。现将全国的常模列表如下，见表 10～13。

表 10　1985 年我国 3～6 岁城市女孩身高体重发育衡量值

年龄组	体重（公斤）			身高（厘米）		
	最大值	平均值	最小值	最大值	平均值	最小值
3 岁	16.04	13.26	10.48	101.4	93.6	85.8
3.5 岁	17.0	14.12	11.24	104.7	96.9	89.1
4 岁	18.13	15.01	11.89	108.9	100.7	92.5
4.5 岁	19.37	15.83	12.29	112.2	103.8	95.4
5 岁	20.22	16.54	12.86	115.6	107.0	98.4
5.5 岁	21.19	17.33	13.47	118.7	109.9	101.1
6～7 岁	23.08	18.60	14.12	123.8	114.0	104.2

表11 1985 年我国3～6岁城市男孩身高体重发育衡量值

年龄组	体重（公斤）			身高（厘米）		
	最大值	平均值	最小值	最大值	平均值	最小值
3 岁	16.59	13.81	11.03	102.3	94.7	87.1
3.5 岁	17.67	14.65	11.63	105.3	98.0	90.2
4 岁	18.55	15.41	12.27	109.6	101.4	93.2
4.5 岁	19.67	16.23	12.79	113.0	104.6	96.2
5 岁	20.66	17.10	13.54	116.3	107.9	99.5
5.5 岁	21.70	17.82	13.94	119.3	110.5	101.7
6～7 岁	23.75	19.33	14.91	125.1	115.3	105.5

表12 1985 年我国5～6岁农村女孩体重身高发育衡量值

年龄组	体重（公斤）			身高（厘米）		
	最大值	平均值	最小值	最大值	平均值	最小值
3 岁	14.93	12.43	9.93	97.8	89.4	81.0
3.5 岁	15.84	13.16	10.48	100.9	92.3	83.7
4 岁	16.84	13.96	11.08	104.9	95.9	86.9
4.5 岁	17.48	14.58	11.68	107.6	98.6	89.6
5 岁	13.73	15.45	12.17	111.6	102.2	92.8
5.5 岁	19.57	16.09	12.61	114.3	104.5	94.7
6～7 岁	21.10	17.38	13.66	119.1	109.1	99.1

表13 1985年我国3～6岁农村男孩体重身高发育衡量值

年龄组	体重（公斤）			身高（厘米）		
	最大值	平均值	最小值	最大值	平均值	最小值
3 岁	15.73	13.01	10.29	98.7	90.5	82.3
3.5 岁	16.49	13.69	10.89	101.9	93.5	85.1
4 岁	17.44	14.54	11.64	105.6	97.2	88.8
4.5 岁	18.23	15.17	12.11	108.8	99.8	90.8
5 岁	19.26	16.00	12.74	112.1	103.1	94.1
5.5 岁	20.15	16.71	13.27	115.2	105.8	96.4
6～7 岁	21.83	17.93	14.03	119.9	109.9	99.9

身体各个系统的发育是不平衡的。从出生后到6岁以内，脑和神经系统继续以最快的速度发展，到6～7岁时已接近成人水平，约1280克，达成人脑重的90%。脑皮层结构复杂化，到6岁时几乎所有皮层传导通路都髓鞘化，表现在抑制机能方面有了增强。

2. 幼儿认知发展的参照指标。

言语 发展迅速，在幼儿期不仅能掌握本族口头言语，而且有的孩子能掌握一定数量的书面言语，为整个心理的发展创造了有利条件。5～6岁孩子在语言方面都比较正确。词汇的数量猛增，7岁的词汇量相当于3岁时的四倍。词类的范围扩大，不仅可以掌握大量的实词（名词、动词、形容词、数量词、代词、副词等），而且还能掌握一定数量比较抽象的虚词（如介词、连词、助词、叹词等）。在掌握的词汇内容上不仅掌握许多与日常生活直接相关的词，而且也掌握了不少超时空的一些自然与社会现象等方面的词汇。对词义的理解比过去准确和深刻，运用比较正确。句子结构更为复杂，复合句有较大幅度的增加。言语的表达能力发展迅速，从情境性言语发展到连贯性言语，从对语言语为主过渡到以独自言语为主。内部言语已开始产生。

感知觉　3岁前触摸觉占主导作用，3岁后触摸觉虽然向精确方向发展，但它已逐渐被视觉所控制并处于视觉的从属地位。触摸觉在认识事物中的重要性已逐渐被视觉和听觉所取代。随着年龄的增长，视敏度不断增长，辨色能力有所增强，4岁以后就可以区分各种不同色调、明度、饱和度的颜色并掌握这些颜色的名称。幼儿观察的随意性差，目的性、组织性都不强，到6岁左右基本上能辨别相对性的左右方位知觉，能认识椭圆形、菱形、五角形等。有人认为4岁是幼儿图形知觉的敏感期，可能是识字的最佳年龄。在时间知觉方面能辨别前天、后天、大后天，但对于几小时、几分钟、几个月、几年的认识就感到困难。

注意　幼儿期虽以无意注意为主，但已开始发展了有意注意，在注意的稳定性随意性方面得到了加强，注意范围扩大了。

记忆　幼儿的有意识记忆能力有了发展，虽然形象记忆占主导，但词的逻辑记忆有了较大发展。虽然以机械记忆为主，但是理解记忆也有较大的加强。记忆的持久性延长了，例如，3岁可以再认几个月前感知过的事物，4岁可以再认一年前感知过的事物，甚至可以终身不忘。

思维　幼儿期的思维以具体形象性为主要特征。但是，独立性和逻辑性有了发展。由于概括水平的提高，一些抽象概念也能理解和掌握。在一般情况下，3岁可以掌握"5"的数概念，4～5岁可以掌握"10"的数概念，5～6岁可以掌握"20"。在看图说话方面发展较快，主要是能从对个别的事物的理解发展到对事物关系的理解，从认识事物外部联系发展到理解事物内部的隐蔽的联系。

四 科学地运用智力测验

智力测验对于5～6岁以后的孩子比较有效。而对于1～4岁儿童则不一定很准确。其中，对婴儿所进行的智力测验，问题可能更多。其原因是：①婴儿还没有学会说话、掌握语言，测验人员不可能提出一些思维推理能力方面的问题让婴儿用口头或书面的形式来回答，并从中了解他对问题的理解程度及解决问题的程度。②婴儿的大小动作发育还不完善，活动范围有限。因此，这时所测得的大多数是感觉机能和基本姿势控制水平与基本动作的协调水平，还谈不上更为复杂的操作活动。③由于婴儿的心理发展水平的低下，还缺乏动机，因此实验人员也就更无法了解和控制婴儿活动动机。这就说明，智力测验对于这些年龄很小的婴儿的作用是很小的。有位作家说："要测量婴儿的智力，可能就象估量3岁男孩的胡子一样。"就是说婴儿所获得的各种智力测验的成绩不太可能预测他们到成年以后的智力状况，甚至也难于预示童年期的发展状况。这是因为婴儿期的智力测验所测量的多是动作活动水平，这与以后大量的言语测验相距甚远。但是，并不是说婴幼儿智力测验毫无作用。它在鉴别婴幼儿是否正常，如智力发育是否迟缓、是否有缺陷方面是有价值的。现在医院里的儿科专家在临床上应用的婴幼儿智力测验，如丹佛量表、格赛尔量表、贝利量表等多为这一类型的筛选性智力测验。当然，如果把医院的儿科专家和心理学家对婴儿发展水平的评价与测验成绩结合起来，就可能获得更为准确的有关这个婴儿将来学业成绩水平的预测。例如，根据卡特尔婴儿智力量表对 639 名 20 个月的婴儿进行测验，由儿科专家负责主持测验，心理学家进行评价。当这一批婴儿到了 10 岁时，再对他进行一次智力测验，并对他们的学业成绩进行评价。结果表明，在 20 个月时，根据卡特尔量表测验，智商为 72 或低于 72 的儿童到 10 岁时在学习上也有困难。有 3 名在 20 个月时被心理学家评定为有缺陷的婴儿，在 10 岁时学习都有困难。在 96 名被评为低于平均智商的婴儿中，有四分之三的人在 10 岁时也有学习上的困难。这与儿科专家评定为"正常偏低"或"迟钝"的情况相符。可见，对于婴幼儿智力测验既不可全信，也不可不信，但是不能把智力测验的功能夸大。这是当今"智力测验商品化"的社会历史条件下，家长们必须引起注意的问题。

　　智力测验所以不能全信，除了前面讲到的测验项目的性质之外，测验项目的数量、测验时婴幼儿的机体状况和心理情绪状态及周围环境都可能使测验结果产生误差。人的智力表现在各个方面，很难用几个活动项目把它包缆无遗。例如，婴幼儿智力表现的一个重要活动内容和时机也可能在智力测验量表中没有；而测验量表中有的，恰恰婴儿又未能即兴表现。这就难于判断婴儿的智力水平是高还是低，所测得的智商是真还是假了。又如，由于偶发事件引起孩子情绪不快，或认生胆怯、害怕测验，或周围环境中有种种新异刺激导致孩子分散注意力而不能配合，等等，都可能影响测验结果。主试人员的心理素质和情绪状态、操作技术水平都直接影响测验结果。如果以这样的一次性测验结果来断定孩子的终身成就、预测孩子将来的发展，显然是很不妥当的。所以，我们不能用一次智力测验所得的智商来断定孩子聪明与否，更不能以此智商来推断他将来的成就水平。

　　我们在前面讲的智力测验系指心理学家经过严密的一套工作程序、反复进行修订而成的标准化智力测验。这类智力测验都有严格规定的说明书，操作程序和完成时间，答案和评分标准是统一规定的。智力测验的主持人，一般都需经过专门训练才能掌握这一套测量技术，并测出比较可靠的结果来。一般的家庭不必要花很多精力和时间去了解这方面的问题。一些非标准化的智力测验方式倒是可以常用的。

　　我国民间常常使用一些思考性强的问题来测试孩子的聪明程度如何。例如，有的家长问孩子，"树上有5只鸟，用枪打下来1个，树上还有几只鸟？"　"一张四方桌，用力砍去一只角，还剩几只角？""给你6根火柴，把它们摆成四个等边三角形，你怎么摆？"等等。这些题目都可以考察孩子的知识面和思维的灵活性水平。家长还可以利用一些图画来考察孩子的观察能力、记忆能力和想象能力，用故事的形式考察孩子的记忆力、想象力、思维的判断和推理能力、口头表达能力，用日常生活中购买各项物品、食品等方式考察孩子的计算能力，甚至可以用各种废旧物品自制各种玩具的形式来考察孩子想象力、创造力和动手能力。总之，在家庭生活中，家长完全可以自行设计一些与孩子年龄相近的种种题目来考察孩子是否聪明，这样就可以验证、补充智力测验结果的真实性和可靠性的程度如何。在许多报刊杂志上介绍的一些"智力测验"基本上是一些非标准化的参考题目。它在一定程度上可以起到考察孩子智力水平的作用。

　　为了帮助家长们能了解智力测验的具体内容和基本要求，并能进行一些创造性的智力测验方面的研究和实验工作，现将我们在近期内为"儿童早期教育现状与对策"的调查而编制的智力测验参照指标抄录给家长们参考。

本测验系吸取现代各种智力测验编制的理论和内容并结合当前婴幼儿发展状况和儿童早期教育的实际需要而编制的。这种形式的测验是一种新的探索。

本测验项目基本上按1~2岁、3~6岁两个大年龄段划分。每个大年龄段中又分为两个小年龄段。

每个年龄段的测验项目均定为10题，每题按差、中、好三级各记1、3、5分。全部测验成绩（总分）按等级划分为差（10分至19分）、一般（20分至29分）、较好（30分至39分）、优良（40至50分）四个级差。

本测验还未经效度、信度检验，亦未从常模方面考虑，只作为一般的筛选测验或常规测验之用。本测验均以个别测验形式进行。

各年龄组智力测验参照指标如下：

1岁组

①寻找声源（在20~50厘米距离吹哨子）：左右各一次。通过得5分，反应慢得3分，无反应得1分。

②视觉寻求（在20~50厘米距离移动一个彩色小球）：左右各一次。通过得5分，反应慢得3分，不会得1分。

③叫被试者的姓名：在不同方向叫，两次通过得5分，反应慢得3分，无反应得1分。

④听音取物、指物（指鞋、杯、椅等）：通过3件事物得5分，1件得3分，不会得1分。

⑤小指活动（用指头捏小珠或豆豆）：三次通过得5分，反应慢

得 3 分，不能捏得 1 分。

⑥扶（大人）手走步：不会得1分，很慢得3分，较快得5分。

⑦指五官（耳、鼻、眼、嘴、手）：指出三个部件得 5 分，1 个得 3 分，不会得 1 分。

⑧独立玩积木（叠 2—3 块）：快得 5 分，慢得 3 分，不会得 1 分。

⑨独立行走：能走步得 5 分，移步得 3 分，只能站立不能移动得 1 分。

⑩合喊"爸爸""妈妈"等：能喊得5分，喊不清得3分，不会喊得 1 分。

2 岁组

①会自己洗手并擦干：快的得 5 分，慢的得 3 分，不会得 1 分。

②在大人协助下穿衣服：快的得 5 分，慢的得 3 分，不会得 1 分。

③独立搭积木、套积塑：2 分钟以内会三种以上得 5 分，一种得 3 分，不会得 1 分。

④用笔划线条：熟练得5分，不熟练得3分，不会得1分。

⑤知道事物的功能：（牙刷是刷牙的；毛巾是洗脸的；杯能喝水；灯是照明用的；扫帚是扫地用的）。会五种以上得 5 分，会三种得 3 分，只会一种得 1 分。

⑥说出自己的姓名：快而清楚的得5分，慢而不清楚得3分，不会得 1 分。

⑦单脚立 1 秒钟：超过 1 秒的得 5 分，1 秒的得 3 分，不能立者得 1 分。

⑧能双脚跳远20厘米：超过 20 厘米得 5 分，10～20 厘米得 3

分，10 厘米以内得 1 分。

⑨能用 5～7 个字说一个完整的句子：超过的得 5 分，能说的得 3 分，不能的得 1 分。

⑩1 分钟内认识室内 10 种事物（席子、蚊帐、沙发、桌子、熟水瓶、镜子、帽子、灯、鞋、床、收音机、电视机等）：超过 10 种为 5 分，5～10 种得 3 分，5 种以内得 1 分。

3～4 岁组

①画出人体的三个部分：超过三个部分的得 5 分，画出 2～3 个部分的得 3 分，不会的得 1 分。

②识别物件的原料：（衣服是用什么做的？椅子是什么做的？饭是什么做的？）超过 3 件得 5 分，能识别 2～3 件的得 3 分，不会的得 1 分。

③独立穿衣扣钮扣：快而熟练的得 5 分，慢的得 3 分，不会的得 1 分。

④模仿画正方形：30 秒钟内准确画完得 5 分，不太正确的得 3 分，不会的得 1 分。

⑤解释 9 个词的词义（如：球、湖、湖滨、桌、屋、房屋、香蕉、窗帘、天花板、篱笆、人行道等。能说出用途、结构、成分或分类都算通过）：正确解释 9 个以上的得 5 分，解释 4～8 个的得 3 分，解释 4 个以内的得 1 分。

⑥比较三条线段的长短：30 秒内完成一次比较得 5 分，30 秒到 1 分钟左右才能完成的得 3 分，不会者得 1 分。

⑦双脚并跳：能跳 30 厘米以上的得 5 分，跳 20～29 厘米高的得 3 分，跳 20 厘米以内高的得 1 分。

⑧认识颜色：认识 5 种以上得 5 分，认识 3 种得 3 分，认识 1～

2 种得 1 分。

⑨能说反义词（雪是白的、煤是黑的；火是热的、冰是冷的；爸爸是男的、妈妈是女的；大象是大的、老鼠是小的；桌子高、椅子矮等）：一分钟以内能通过四个以上得 5 分，通过 2～3 个得 3 分，通过一个以内得 1 分。

⑩懂得"4"的概念：知道"4"的组成并能分解的得 5 分，能按数取物得 3 分，只能顺口溜式的唱数得 1 分。

5～6 岁组

①拼长方形（将长方形对角剪开后放成"▱▱"形状，让幼儿重拼）：30 秒内拼 3 次得 5 分，1 分钟内拼 3 次得 3 分，1 分钟后拼成或不会得 1 分。

②找相同图形：2 分钟内找到 10 个以上的得 5 分，找出 8～9 个得 3 分，7 个以内得 1 分。

③数数 13（点物数数）：30 秒内完成的得 5 分，31～60 秒内完成得 3 分，不会的得 1 分。

④问手指数（1 只手有几个手指？两只手共有几个手指?）：超过两只手（即三只手）得 5 分，两只手都会的得 3 分，不正确的得 1 分。

⑤是否知道上午和下午（太阳出来时是_____？太阳落下时是_____?）：10 秒内答对得 5 分，1 分钟内答对得 3 分，不会的给 1 分。

⑥看图说话（二张画，一幅为室内幼儿做事的画面，一幅为室外在公园玩的画面）：时间、地点、人物、意思都理解的得 5 分，不完整的得 3 分，只说人物的得 1 分，30 秒内不答也算 1 分。

⑦心算 10 以内加减法 5 题（加法 3 题：如 1＋2＝、5＋3＝、

4 + 5 = ；减法 2 题如：5 − 2 = 、8 − 3 = ）：通过 5 题得 5 分，通过 3 题得 3 分，通过 1 题得 1 分。

⑧倒数数 20 至 12：1 分钟内通过得 5 分，不熟练或中间停顿得 3 分，不会的得 1 分。

⑨说反义词四对［如：白—黑、甜—苦（酸、辣不通过）厚—薄、软—硬］：1 分钟内通过 4 对得 5 分，通过 2～3 对得 3 分，1 对以内得 1 分。

⑩推理：小花猫正在捉老鼠，我大声喊，结果……怎么样？很快回答"老鼠跑了"或"猫跑了"的得 5 分，反应很慢得 3 分，不知道的得 1 分。

五　听听旁人（亲戚、邻居、老师）对自己孩子的反映

常言道："旁观者清"。就是说，有许多事情，不是当事人往往能比较准确地看清问题的实质和是非所在。对孩子的评价也是如此。如果家长能真诚地听听他人对自己孩子的看法和评价，不仅可以帮助自己比较客观地了解自己孩子的特点，而且对于自己有针对性地对孩子实施教育训练是大有裨益的。

怎样才能从旁人那里得到比较可靠而真实的评价是在调查访问之前必须认真考虑的问题。一般说来，应注意如下几个问题。

①调查访问的邻居最好是家中有孩子的同龄伙伴的家长。

孩子都有一种天然的群集感，即喜欢合群。如果邻居家里有同龄伙伴，你的孩子就可能经常到邻居家去玩。有时候，孩子怕家长批评而有些话不敢跟自己的家长说，但是却愿意跟伙伴的家长说，他感到跟伙伴的家长说了没关系。这样邻居对于你的孩子的情况就

可能了解得比较具体、真实而全面。从一般邻居中也可以了解一下孩子的情况，但是不一定能得到比较准确具体的材料。

②调查访问前应事先拟定调查提纲。

调查访问不能像漫无边际的聊天一样，天南海北谈古论今，而应该是根据自己思想上把握不定的一些问题加以条理化。这种有目的有针对性的调查访问才能更为深入细致，取得良好效果。

③要以真诚的态度听取他人的意见。哪怕是说自己的孩子不好的话也应耐心地听，而不应作过多的解释。

有不少家长由于过分溺爱孩子，在家里百般迁就，看不到自己孩子的缺点和不足；而对孩子的某些长处却沾沾自喜，这种心理状态往往会迁移到与邻居的交谈中去，表现为只愿听邻居说孩子的好话，不愿听邻居说孩子的坏话。若是别人说了自己孩子的毛病，不是反复解释，就是耿耿于怀。如果抱这种态度去调查访问是没有什么好结果的。

④对调查访问所得的材料要作一番分析。

调查访问所得到的材料，仅仅是一个侧面的情况。因此需要认真地作些分析，看看哪些是可取的，哪些可能是有出入的。有的家长在调查访问后，由于没有对所得到的信息材料进行认真分析，信伪为真。结果，给孩子的教育带来失误。但是，对托儿所和幼儿园的老师所反映的情况则要认真对待。因为他们和孩子在一起的时间比较长，了解的情况可能比较全面和客观。

除了听听邻居、亲戚朋友、托幼老师的评价外，在可能条件下找孩子们的小伙伴了解一下情况，让他们作些评价也是很好的，孩子天真无邪，往往会把许许多多生动的事例告诉你，从中可以听到平时难于听到的情况。

89

六 孩子的学习成绩也是评价聪明的重要指标之一

学习成绩与智力水平关系十分密切。学习成绩在一定程度上可以作为评价孩子聪明的指标，是世界心理学家公认的。现将心理学家对 102 个孩子同时进行智力测验和成绩测验的结果介绍如下。从其所得到的结果可以看出成绩测验可以作为鉴别孩子是否聪明的手段之一，见表 14。

还有的人对学生能力发展的等级水平与学习成绩的等级水平进行的比较，说明成绩与能力水平的关系也是很密切的，见表 15。

表 14 智力测验与成绩测验的比较

教育成绩分数	智力测验分数	学生人数
50～59	84	2
60～69	100	16
70～79	104	56
80～89	111	24
90～100	123	4

表 15 学生的成绩与能力相关程度表

对象	项目	等级						
	成绩	上	中	上	中	中	下	
	能力	上	中	中	上	下	中	
	人数	13	14	5	11	8	4	
	成绩	上	中	下	上	中	中	下
	能力	上	中	下	中	上	下	中
	人数	8	12	23	1	7	7	1

所以，如果自己的孩子已上学，则可以把孩子的学习成绩进行系统地分析并把他的成绩和全班同学的成绩进行比较，看看孩子的成绩是属于上中下哪一类型。孩子的成绩不能只看分数本身的多少，而着重了解他的分数排在全班同学的什么位置上。孩子个人的分数本身往往不一定能说明问题，因为分数受许多主客观因素的制约而变动。同是一个"80分"，在某校某年级某老师教的某门课，这个"80分"可能是最高分，即第一名；而在另一个学校的某个老师教的另一门课，这个"80分"又可能是最低分，即全班最后一名。青海省夏斐的母亲就不了解这一点。夏斐的数学82分（全班第五名）、语文72分（全班第五名）仍惨遭母亲的毒打而身亡。这是血的教训！

　　孩子的学习成绩除了解分数外，还可以将他的作业、作文、作品等进行一些分析研究，从中也可以了解到孩子的智力发展的一般概况。

　　总之，评价孩子是否聪明是一件极为严肃的科学研究工作。家长一定要全面、认真地加以考察，决不能轻意地相信某一项结果所作的判断。万一自己的孩子被一些不负责的人定个"智商"为80或70，不仅家长自己会对孩子的教育训练失去信心，而且会给孩子贴上一个"智力落后"的标签，使他终生不能得到公正的待遇。所以，我们提倡综合鉴别法，采取各种方法和手段、多角度多指标进行综合分析。因为心理学研究中的每一种方法都有其利弊。采取综合法就可以做到取长补短，避免人为的种种误差，而产生不科学的结果，贻误孩子。

第六章　从小进行基本能力的训练

我们说孩子聪明，无非是指孩子的智力水平比较高，解决新问题、创造新事物的能力比较强。要想让孩子变得更聪明，就要了解一些关于智力方面的基本常识并从孩子的早期就开始进行各种基本能力训练。

一　了解智力的一般知识是搞好孩子基本能力训练的重要条件

智力是什么？当前说法不一。例如，有人认为智力就是人在活动中表现出来的各种认识能力的总和；有的说智力就是对客观事物进行分析综合、抽象概括、判断推理时的一种思维能力；有的认为智力就是对新环境的适应能力；有的认为智力就是学习能力；等等。究竟哪一种说法最科学，至今还不能取得一致的看法。我们认为，人的智力是在遗传素质的基础上，在环境、教育和个体的相互作用过程中，个体所获得的一种知识与能力相融合的多因素、多层次、多水平的动态结构系统，是顺利地完成活动任务的心理条件。它包含以下几个方面的意思。

①肯定遗传因子对智力发展有影响，承认遗传素质是智力发展的物质基础。各人的遗传素质是不同的。我们承认遗传的差异是为了采取有效的教育措施缩小或消除这种差异给智力发展带来的不良影响。

②在新的生命（受精卵）诞生后，遗传和环境因素就开始在相互作用过程中影响着孩子的智力发展。我们不能把它们孤立起来分析，认为只有遗传或环境起决定作用。

③遗传和环境因素的作用是以儿童的交往和实践活动为中介而实现的。离开了儿童主体的积极配合和主观努力，再好的遗传和环境因素也难以使儿童的智力得到完善的发展。

④学习活动是发展儿童智力最基本的途径和重要因素。但是，不可否认，儿童的成熟对智力发展也有一定的制约作用，它可以为智力发展提供新的物质基础。

⑤智力是由具有智力价值的知识和各种能力所构成的。既不能把智力仅仅看作是一般能力的组合，把所有知识因素完全排除在智力结构范围之外；也不能把知识与能力、智力等同起来，认为他们是一回事，是"同步"发展的。

⑥智力不是静止的东西，它是受遗传素质、社会环境和教育、个体主观努力这三个系统的变量因素的影响而不断变化的，所以它是一个动态结构系统。正是这许多变量因素的不断调整和组合，才构成了儿童之间智力水平和品质的各种差异。

⑦智力是指各种结构因素融合成一个复杂的整体结构系统，而不是单指某种孤立存在的单一因素。

智力结构问题也有多种说法，如"二因素说""多因素说"

"群因素说"，等等。我们认为，智力结构或者说智力的特质主要包括如下因素。

观察能力　观察能力是指有目的有计划地认识客观事物的感知觉能力。它是个体认识客观世界的门户或开端。客观事物往往是变化无常、一瞬即逝的。观察力强的学生能很快地捕捉这种变化。一般学生不易看到、听到的现象，观察力强的学生都可以很快地发现。各种客观事物是由多种因素组成的一个复合刺激物，它们之间的细微差别，一般学生是不易区分的。观察能力强的学生却能迅速而又准确地找到它们之间的异同之处。所以学生的观察力是开发智力的基础因素。

记忆能力　记忆能力强的基本要求，是能记得准、记得快、记得牢、系统化并有利于提取。记忆力是智力的储存器。如果一个人学到的东西不能记住，每次都得从头开始，永远停留在零的水平线上，哪里还谈得上知识的积累和智力的发展呢？所以，记忆力是智力的重要因素。

想象力　智力活动不仅要把过去所见所闻的事物如实地加以再现，而且要把这些事物的形象在头脑里进行加工改造并重新组合成为新的形象。所以，想象力被喻为智力的翅膀，因为它可以使智力在解决问题和创造发明过程中充分发挥作用。

思维能力　思维是智力的核心。正因为它重要，所以有人把智力和思维等同起来。

思维的广阔性与深刻性、灵活性与敏捷性、独立性与批判性、准确性与创造性等品质是智力水平的重要品质。有人认为创造性思维不属智力结构范畴，而是一种特殊的思维形式，这是不符合实际的。理由是：a. 创造性思维的基本过程还是分析综合、抽象概括；

b. 良好思维品质之一就是具有一定的创造性和灵活性。一般地说，能灵活地思考问题的人都能创造性地解决一些实际问题。所以智力结构中的思维能力也应包括创造思维能力。

言语能力　言语能力是指内部言语的发展水平和口头与书面表达能力。言语既是交流思想的手段，又是思维的工具。从某种意义上讲，儿童掌握言语的过程也是智力发展的过程，所以有人说言语能力是智力的外衣。言语能力属于个体智力结构因素，是个体掌握言语进行交流和思考的过程。语言则是人类特有的社会现象。语言包括书面言语和口头言语两种。口头言语有出声的外部言语和无声的内部言语两种。儿童的内部言语发展较晚。小学一、二年级学生默读比朗读困难，是因为他们还要借助于出声言语来帮助思考。写作能力是词汇的组织和言语的运用。小学生学习写作，先口述后笔述也是由言语能力发展的客观规律所决定的。所以言语能力是智力结构中的重要因素之一。

实践和操作能力　实践和操作能力主要指解题能力和实验操作能力等。个体的智力从发生上看，只能在操作实践活动过程中得到发生和发展；同时它又必然要在操作活动过程中表现出来。智力与实践或操作活动是本源地联系在一起的，所以有人说实践能力是使知识升华为智力的转换器。有人认为智力就是会动脑筋想问题，与动手无关，这是片面的。如果我们以这种思想为指导来开发学生的智力，那么在教学中就会只重视或强调理论思维的培养，而忽视实践性较强的创造思维的训练。其结果仍然是"理论脱离实际"，不能达到"手脑并用"的要求。现在国外普遍反映中国留学生动手能力差，这一事实本身，就说明了智力结构必须包括实践能力和操作能力在内。

智力结构的六种基本因素是一个相互联系、相互制约、相互渗透的动态的整体结构系统。例如，在观察活动中，不仅有观察能力，而且还有思维因素和记忆因素；在解决问题的思维能力中，不仅包含有观察力、记忆力，而且还有想象力和操作能力。所以不能把六种因素孤立起来对待。发展学生的智力并不是指某一种因素的完善发展，而是这六种基本因素都要相应协调地得到较完善的发展。

　　在智力这种复杂的结构系统中，各种因素都会受到主体与客体环境的影响而不断地变化。而每一个因素的变化都必然会影响到智力的整个结构的不同方面出现不同程度的变化。每个人的这些结构因素的发展是不平衡的。这种种因素的不同发展水平和排列组合方式及其变化，就构成了各人的智力特质和发展水平。所以在不同的具体的生活道路和环境下成长的孩子或受到不同的教育、从事不同职业的人，其智力结构中的组成因素及其动态关系是不同的。这就是人的智慧所以千差万别的根本原因。

二　正确认识与处理好知识与智力的关系

　　智力与知识的关系应该怎样认识呢？我们还是从《找骆驼》的故事说起吧！故事的大意是，从前有位商人买了一袋大米和一桶蜂蜜，放在一匹骆驼背上驮着回家。不巧，在归途中骆驼失踪了。商人沿途问了好多人，都说不知道。后来碰到一位老人，商人问他是否知道此事。老人反问："你找的是一匹跛脚缺牙并驮有大米和蜂蜜的骆驼吗？"商人惊奇地回答说："正是！您怎么了解得这么清楚？"老人说："我虽然没有直接看到那匹骆驼；但是，我又确实知道它。"商人十分钦佩这位老人的智慧并按老人指引的方向找到了失踪的骆驼。这位老人没有看到那匹骆驼，为什么又能准确地判断出它的特征去解决商人的难题呢？这就是关于知识与智力的关系问题，我们后面再作分析。

要正确地处理知识学习与智力开发的关系应解决如下几个问题。

①不能把知识学习与智力开发对立起来，应该把知识学习作为智力发展的基础。没有相应的知识作基础的智力开发不可能取得较好的效果。例如，故事中的老人所以能准确地判断此骆驼的去向，就是因为他已具备了解决此问题的相应知识。他能辨认骆驼的脚印，他用力学的观点从脚印的深浅差别中判断出是一匹跛脚骆驼。他知道什么样的叶子是被骆驼咬过的，而且能从被咬过的叶子中知道骆驼缺了一颗牙齿。他从掉在路旁的大米和蜂蜜去判断骆驼所负的东西。如果老人没有上述知识作基础，再聪明也难于解决商人提出来的难题。因为智力实际上就是人们能够娴熟地运用已学得的知识去解决各种新问题的一种能力系统。所以，不重视基础知识、基本技能的学习，而盲目地去搞架空智力开发是难于达到预期效果的。

②不能认为知识学多了，智力就会自然而然地得到发展；而应该在学习知识的过程中，有意识积极主动地发展孩子的智力。只有这样，才能使知识、技能向能力和智力方面转化，并加速知识学习的进程。如果老人不会把过去所掌握的有关知识同当时骆驼的脚印、牙齿的缺损、叶子的特征、路旁的事物等联系起来，并系统地进行分析比较，他就不可能判断此骆驼的特征。又如，儿童学习"20以内的进位加减法"，如果单纯地进行简单的加减运算，而不认真地在数的组成和分解方面进行快速训练，不把顺向思维和逆向思维结合起来练习，就很难使儿童在学习"20以内的进位加减法"过程中使智力得到更好发展。有的家长只重视孩子的识字量，而忽视阅读能

力和写作能力的训练，孩子的语文成绩一直上不去，智力水平也不高，这是个深刻的教训。

③在知识学习过程中要特别重视基本概念、基本定律和法则的掌握。知识体系是由许许多多的知识单元、基本概念、定律和法则等组成的。一般说来，一个人的知识越丰富，越能完善地掌握知识体系，他的智力就越可能得到更完善的发展。当他在新的情况下碰到新的问题时就可以很快地根据新问题的需要重新组合已有的知识去解决新问题。例如，儿童学习了"交换律""结合律"的知识后，当他碰到了连加、连减或加减混合运算时，不仅可以很快调整各个数的位置或合并某些数进行合理运算，而且还可以节省运算时间，提高运算结果的准确率。又如，对"十进位加法"中的"个位对齐、从个位加起、满十进一"的法则的掌握，就可以加快运算进程并成为一定的思维模式，促进智力的发展。所以，在辅导孩子学习时不能盲目地追求知识的数量，而忽视知识的质量。这样，才能在学习知识的过程中使智力得到完善发展。

④充分利用变式（即保留概念或事物的本质特征，不断变换概念或事物的非本质特征）的方法引导孩子学习各种知识概念，以防止孩子形成思维定势对后续新知识学习的影响。例如，教孩子识字时就要将认识的这个字与其它字组成各种不同的词；在用词造句时要尽可能地学会用一个词造出各种不同类型的句子；对同一个词汇引导孩子进行口头作文时也可以引导孩子用不同的手段和材料进行练习；数学练习题尽可能做到一题多解；对于各种客观事物的作用（用途）也可以从多功能的角度去认识。这样，就可以使孩子在所学知识之间建立起广泛的联系，深刻地理解概念或事物的本质，思维的广阔性和深刻性、灵活性和独创性可以得到发展，知识的迁移和

运用能力也得到了提高。

　　智力的发展需要以知识为基础。而且，孩子学习一种新知识却又要以一定的智力发展水平为条件，例如，孩子学习"5"这个数概念时，如果没有一定的抽象概括能力，也不可能真正理解"5"的实质，只能停留在"5棵树"或"5只小鸭"或"5块糖"等一类具体实物的表象水平。这就是为什么在教学中特别强调要选择稍高于儿童心理发展水平的知识给孩子学习的道理。孩子的智慧就是在知识学习→智力发展→新知识的学习→智力的再发展这样一个不断反复的过程中逐步提高的。

　　智力的发展不仅要以知识为基础，要讲究学习知识的方式方法，而且它还受遗传生理素质等各方面的因素所制约。所以在开发儿童智力时还要恰当地处理好知识学习与其他各种因素的关系。这样才能遵循客观规律所指引的航向，到达智慧的彼岸。

三　培养孩子具有良好的观察能力

　　良好的观察能力是孩子认识世界、增长知识的门户。无数事实证明，观察能力强的人，其智慧水平也是比较高的。苏联伟大的生理学家巴甫洛夫在他的实验室内写上"观察、观察、再观察"来告诫青年要重视观察力的训练。我们从古今中外的名人传记中可以发现：科学家们正因为有超人的观察力，他们才能捕捉一瞬即逝的现象，洞察到各种事物的本质和规律，预测出事物的发展前景；天文学家们正因为有善辨的观察力，他们才能在繁星浩瀚的夜空，发现一个又一个的新星座；文艺创作家们正因为有敏锐的观察力，他们才能在错综复杂的社会生活现象中厘清种种微妙的人际关系和心理状态，写出千姿百态、栩栩如生的人物；辛勤的教师们正因为有良好的观察力，他们才能透视学生的心灵，有针对性地做好各种培育和转化工作，使他们能健康成长。这些都说明，观察能力在一个人的智慧活动中有多么大的作用！难怪有人把观察力比喻为"智慧的大门"。

"智慧的大门"是怎样打开的呢？就是说，孩子的观察力是怎样形成和发展的呢？

（一）首先要从培养孩子的观察兴趣和习惯开始

孩子有天然的好奇心，对大千世界这种千姿百态的事物无不感到好奇和兴趣，不论是室内的还是室外的、不论是天上的还是地下的、不论是动态的还是静态的，都可以使他感到兴趣并加以探究。孩子的这种强烈的求知欲和好奇心正是培养观察兴趣和习惯的良好条件，我们一定要十分珍惜它。

爱因斯坦说："兴趣是最好的老师。"确实如此，据许多心理学家的研究说明，兴趣也是形成高尚理想的基础，它对一个人将来事业上的成就有着十分密切的联系。我们认为，兴趣是沿着这样的过程不断深化和发展的。好奇心→求知欲→求知（课内）兴趣→课外活动兴趣→职业兴趣→职业理想→高尚理想。可见，只要我们在孩子的儿童时代就充分利用其好奇心，激发其求知欲，培养其学习兴趣和习惯，这将会使孩子的终生受益。

小年龄的孩子对任何新鲜事物都感到兴趣，但是最能引起他的兴趣、激发他的探究活动的事物有三大特点：①颜色非常鲜艳夺目、带有热烈的刺激性质；②有各种不同声响的事物；③可以不断运动变化的事物。我们根据这几个特点便可以发现，如街上来往的车辆，商店招牌和霓虹灯，高矮不一、形态各异的建筑群，芬芳扑鼻的奇花异草，动物园内的种种动物，变幻莫测的天空云彩，连续变化的电影电视，甚至蚂蚁爬树、蜜蜂采蜜、公鸡斗架、种子发芽、植物生长、花朵开放，等等，都是培养观察兴趣和习惯的好教材。

（二）教会孩子学会在观察事物中进行比较、找到事物的同异之处

观察是一种特殊知觉，是有效认识事物的手段，也是思维活动中进行概括抽象的前提条件。所以让孩子学会在一类事物中找出其相同或不同之处是很重要的。例如，年龄小而又从未见过羊的孩子，往往会把羊误认为狗。因为在基本结构状态上有许多相似的地方。由于孩子观察能力还不强，对于一些细微差别不易发现，只从大体上比较，认为眼前的羊和自己脑子里留下的狗的形象差不多。因此便将羊认为狗了。如果我们能将羊和狗同时出现在孩子面前，让他仔细地进行比较，看看他们之间哪些是相同的，哪些是不相同的。这样就可以在训练观察力的同时，增长了知识、认识了羊。当孩子能很快地在一群事物中发现其共同性或差异性时，就可以较快地认识其它事物，形成概念和知识体系。

在指导孩子观察事物时，还要和自己过去所学到的知识经验加以比较，判断其真伪。许多报刊杂志上发表的一些智力测验项目中的图画，往往是故意把事物画错，让孩子去发现错误之处。例如，把风向与旗子飘向画成相反的方向，或者把其它不符合事实的事物画出来，让孩子在观察中去纠正错误。

（三）要有计划地组织各项训练活动

诚然，良好的观察力确实与一个人的遗传生理素质有关系，特

别是与神经类型的特点的关系更为直接。神经系统比较灵活的人，在观察事物时反应就比较快；反之，就比较慢。但是，教育科学研究认为，更重要的还是靠出生后的教育和训练，让孩子能在活动中得到锻炼。心理学家通过研究认为，幼儿园大班或小学低年级的孩子，通常能辨别红的颜色3种，黄的颜色2种；但是，通过训练可以得到很快的发展。他们用颜色深浅不同的20个毛线团对20个孩子进行训练，每天训练20次，每次按颜色深浅的顺序排列五遍。如果出现了错误就及时给予纠正。经过四天训练的结果，红色平均能辨认12种，黄色平均能辨认10种。这个实验再次说明，孩子的观察力主要是在后天的训练中发展起来的。所以训练孩子时应有计划地进行。

（四）孩子观察能力的训练活动宜早不宜晚

据现代生理学家和心理学家的研究认为，孩子的感觉器官，在出生后就已经达到了比较完善的水平。并不是像人们过去认为的那样，像个"聋子""瞎子"和"哑巴"，而是具有了低级的本能性的感知觉活动能力。特别是与人的心理有最直接关系的脑细胞的发育，在3岁时已达到了成人的70%～80%。大脑生理学家们认为，在孩子的大脑正在发育成熟时期，如果能够给予适当的刺激，实施科学的早期教育训练，不仅不会影响孩子大脑的健全发育，而且可以收到较好的教育效果并使大脑的发育更加完善。所以，在孩子出生后，就应该有计划有目的地对其各种感觉器官实施早期讲练，以使孩子的观察能力逐步从一个本能水平提高到另一个新的水平。

（五）把观察活动提高到思维方式训练的水平

观察能力并不是一般的感知觉，而是具有思维性质的一种特殊认识能力。因为，观察不仅要求能够知道"是什么"，更重要的是通过观察能了解到事物的"为什么""怎么样"。怎样才能达到这样的水平呢？这就是要有计划要有步骤地进行训练，把观察活动提高到思维方式训练的水平。例如，教会孩子学会先看什么、后看什么，看的时候应注意些什么，对于那些很快出现或很快消失的现象应事先提醒孩子注意观察。要从能分清主要和次要的事物，再进一步了解事物之间的关系和联系，找到带规律性的问题。以看一幅图画而言，要告诉孩子看看是什么时候（季节或时辰）、是什么地方、有些什么（人或动植物等）、他们在做什么或怎样，等等。这样就可以使孩子通过对各种事物的观察和比较分析，理解这幅画的意思。同时，还可以形成良好的观察习惯和有序的思维方式。

（六）可以利用家庭中的玩具和日用品作为孩子的观察对象

许多家长认为，要培养孩子的观察能力，就要到室外和自然界去。其实，在家里，同样可以很好地训练孩子的观察力。孩子出生后，大部分时间都是在家里度过的。每个家长都总要为孩子购买一些玩具和书画之类的读物。每个家庭里都有各式各样的家具、床具、炊具、餐具等。无论大人或小孩都会有适合各个季节穿着的衣物鞋帽。每个家庭一年四季，几乎天天都要买各色菜食。因此，无论是颜色、形状、大小、长短、高矮的识别能力；还是远近、里外、上下、前后、左右等空间方位的辨别能力都可以通过上述种种事物作为教材加以训练。这正是家庭教育之优势所在。因为，利用它们作教材，既不要另外增加经济开支；又不需要花费更多的时间，完全可以利用茶余饭后的零星时间，和孩子一起玩的过程中来进行。把观察力的培养寓于游戏活动之中，不仅可以收到更好的效果，而且可以培养孩子的学习兴趣和习惯，活跃性格、增强父（母）子之情。真可谓一举多得的方法。

（七）把自然现象的观察和社会现象的观察结合起来进行

前面已讲到，观察是事业成功的基石。可是，孩提时代，不宜过早地进行职业定向，将来是学文科还是学理科，或者是个什么"家"。现代科学的发展趋势是文理科相互渗透。现代社会对人才的要求也有成为"通才"的趋势。不然，就难于适应社会发展的要求。如果训练孩子的观察力时，把自然现象的观察和社会现象的观察结合起来进行，就可以使孩子将来既能顺利地捕捉一瞬即逝的自然现象，又具有洞察各种复杂的社会现象的能力。这样就可以为孩子将来在事业上取得更大的成就创造条件。

（八）活动与实验结合起来

将观察活动与小实验紧密结合起来进行，把一般的观察活动提到科学研究的高度来训练。一般情况下，孩子平时的观察往往停留在零星片断的水平。因此，不仅不能更好地通过观察活动来认识事物变化发展的规律，而且观察能力也难于得到提高。如果家长能指导孩子把一般的观察活动与小实验结合起来，往往可以把孩子的观察能力提高到一个新的水平。因为实验就是有目的有计划的系统观察。例如，家里栽了花卉的，不仅可以指导孩子去辨认各种花的颜色和形状特点，而且还可以指导孩子去观察比较各种不同的花卉之生长发育、开花结果、生长条件等方面的特点。如果家里饲养了小动物或家禽、家畜，可以指导孩子组织一些小实验去训练他们的生活习性。孩子对于水、空气等自然现象的认识也可以自制一些简易实验仪器指导孩子来做。这样就可以使孩子从小具有一些科学实验素养，为日后的发展打下良好的基础。

四　训练孩子良好的记忆力

在人们的日常生活和工作、学习过程中，没有哪一件事情是可以离开记忆的作用。假如一个人刚学过的或认识过的事物马上就忘了，事事都要从头开始，那是不可想象的。人类一切知识经验的积累、技能技巧的获得，以及行为习惯的形成都必须以记忆为基础。所以，许多人把"过目不忘""一目十行"作为一个人聪明与否的重要指标。

现在，许多家长一谈到训练孩子的记忆就是识字、背唐诗。好像只有这样才能发展孩子的记忆力。其实，这是一种误会。从家庭教育的角度看，更重要的还是要从日常生活和游戏活动中来训练孩子的记忆力。

（一）孩子记忆力的训练首先要从认识万事万物开始

从刚刚问世的一个无知无识的软弱个体逐步发展成为有高度抽象逻辑思维能力和社会适应能力的人是一个漫长的过程。它的起点就在于从睁开眼睛认识和接触各种事物开始。过去，认为孩子到了3—4个月才表现有记忆，即能认识自己的妈妈。可是，现在许多研究认为，孩子出生后就已经有了记忆，可以通过各种实验形成条件反射，更有甚者，认为胎儿期就已经有了记忆，为"胎教"提供了心理学的理论依据。因此，我们不应低估孩子学习记忆的潜在能力。

从心理学的角度看，许多家长实际上很早就对孩子进行记忆力的训练。例如，当妈妈要给孩子喂奶时，就自言自语地说："好宝宝，现在妈妈来喂你吃奶了！"边说边抱孩子边把奶头送到孩子嘴里。经过多次反复，妈妈抱孩子吃奶的姿势便给孩子脑子里留下了记忆。每当妈妈出现抱孩子吃奶的动作时，那怕是奶头还没有送到孩子嘴里，他也会主动的来寻找奶头吃奶了。这时，妈妈看到此情此景都会喜笑颜开地说："小东西，真聪明！"当孩子再长大一些时候，能用较长的时间玩耍时，妈妈就告诉他，这是什么，那是什么。再往后，当孩子能说话、走路、独自活动时，妈妈就经常交给一些任务让孩子去完成。交代说什么时候应该去做什么，或先做什么、后做什么。细心的妈妈还怕孩子不注意，没记住，还要再三的啰嗦几遍，以强化记忆。妈妈的这些所作所为实际上都在训练孩子的记忆，只不过缺乏目的性、计划性和意识性而已。如果家长在日常生活中能更有意识地训练孩子，孩子的记忆力可能发展得更好。例如，在家庭的各种用品一般都有固定的位置存放。家长就可以告诉孩子应该记住：什么东西该去哪里取、该放在什么地方。这样，既训练了孩子的记忆力，使其养成良好的生活习惯又保持了家庭环境的秩序。又如，带孩子出门去玩，就可以事先对孩子提出要求，让他记住路线怎么走，以什么为标记、在什么方向等。这样不仅训练了记忆力，而且可以发展孩子的空间方位知觉，调动其学习的积极性。家庭生活中有不少事情是孩子力所能及的。家长就可以利用孩子乐于帮助家长做事的特点，要求他完成系列任务。例如整理内务、清扫房间、按时准备进餐，等等。听音乐、背歌词、儿歌、做各项体操、舞蹈动作、游戏规则均可以作为训练孩子记忆力的工具，千万不能把孩子成天都泡在"识字海洋"中去训练记忆力。否则，孩子的精神会向畸形方面发展。

（二）要充分利用孩子的情绪记忆和运动记忆强的特点组织训练活动

过去，不少人一谈孩子的记忆特点就说无意记忆和机械记忆为主。这当然不错，但是，仅从记忆性质上强调这个特点对于教育训练孩子的记忆力并无多大的指导意义。我们认为，孩子记忆力最大的特点就是情绪记忆和动作记忆比较强。这一特点又与孩子兴趣发展相联系。凡是色彩鲜艳、变化多端、形态美丽的事物对孩子都有极大的吸引力，能引起孩子的好奇和兴趣，从而也十分容易记忆。当孩子对某一事物特别感到兴趣时，情绪也是特别高的。在这种心理状态下记忆东西，效果最佳。我们每个人都可以回忆一下自己的童年往事，凡是能够回忆起的最早时期的事件都是与情绪特别高涨相联系的。只不过，这种情绪是属于积极情绪还是消极情绪而已。

孩子的动作记忆力强，不仅因为动作是智慧的外化物，而且动作与孩子好动好奇的心理特点相联系，与情绪、兴趣特点相联系。为什么许多游戏活动可以帮助孩子记忆，为什么不少人强调孩子要在玩中学、玩中记呢？就是因为孩子的动作记忆能力较强。

所以，我们在训练孩子的记忆力时，要有意识地从有利于调动孩子的学习兴趣和热情的角度考虑。而不要过分强调无意记忆，让孩子自生自灭地发展记忆。也不要过分强调机械记忆，采用硬灌的死记办法。这样做不是在训练记忆，而是摧残、扼杀孩子的记忆力。

例如，当妈妈在准备做饭时，便可以让孩子帮忙取一些物品，如要他先拿几个土豆，再取几个西红柿，最后取几条黄瓜。这样就可以训练孩子的记忆系统性和准确性。如果孩子取错（多或少）了，可以让他用手点着算一算。如果忘了后面的任务，便可再重复说一遍。孩子在这个帮家长做事的过程中，自然地进行了记忆训练。这是在活动中进行的有意识记的训练，又培养了孩子乐于助人、爱劳动的习惯。它与那种要求孩子端端正正地坐着识字、背唐诗的记忆训练是完全不同。

（三）从孩子的心理发展水平和特点出发，做到扬长避短

婴幼儿的形象记忆和情绪记忆比较好，但是每个人是有差异的。因此，对孩子进行记忆训练时，要尽可能根据各个孩子的特点来进行。偏重于形象记忆的孩子，尽可能通过具体形象的事物，让他在看、听、摸的活动过程中来学习。这样，就可以使孩子对所学的东西记得快、记得牢。

对于那些偏重于情绪记忆的孩子则要给他创造一个舒适愉快的学习环境，使孩子处于情绪愉快的情境下进行学习。这是因为生理需要在婴幼儿生活中占有重要地位和作用，而人的生理需要与情绪有直接关系。所以，在对偏重于情绪记忆的孩子进行训练时要充分利用情绪的两极性（即积极和消极）特点来组织学习活动。例如，有个孩子非常喜欢蹦蹦跳跳玩。大人问他，你为什么蹦呀！她说很高兴。大人说，我写个"蹦"字给你认好不好！孩子欣然答应。她认读几次就记熟了，而且第二天后一直都记得。在这些带有浓厚情绪色彩的学习活动中，孩子之所以对事物记忆深刻，就是因为情绪对人的记忆有很大的促进作用。所以，要孩子学习或记忆事物时，尽量在孩子情绪愉快时进行。如果孩子情绪不好、不愿学习时，你却强迫他学习，可能适得其反，使他变得更加害怕和厌恶学习。

孩子不仅记得快，而且忘得也快。这是因为孩子的理解能力差，不能从事物之间的相互关系和联系方面进行有意记忆，而是采用机械记忆的方法来学习。一般说来，机械记忆比理解记忆的效果差，

所以忘得快。另一个原因是，孩子已有的知识经验比较贫乏，在学习新知识时，往往难于在旧知识经验中找到新知识的"生长点"或"结合点"，不能有效地形成记忆系统性。所以，孩子学习记忆知识时要尽可能在短期内多重复练习几次。

（四）记忆调练的方式方法要多种多样

在家里可以利用家务劳动来训练孩子，也可以利用茶余饭后讲故事时要孩子复述故事内容的形式来训练记忆，还可以要求孩子过一段时间后再去完成的任务。在室外就更多了，自然界和许多社会现象都可以作为训练孩子记忆力的材料。除了记忆内容多样化之外，孩子还应该利用多种感觉器官协同活动，即活动形式也应多样化，这样就可以使孩子的记忆力得到比较全面的锻炼。

值得注意的是，记忆训练要讲究实用。例如，把许许多多的精力和时间去记忆圆周率的几百几千位小数点以下的数目，就没有多大价值，尤其在现代科学进步的电脑时代就更无必要了。

目前，还有一种倾向也值得注意，认为孩子的机械记忆强，就只注重机械记忆训练，而忽视理解记忆等方面的训练。如果长期这样训练下去，会阻塞孩子创造思维的发展，形成呆板、低效的思维模式。这不仅影响他良好个性的发展，而且对他日后搞好学习、工作都是极为不利的。

（五）要使孩子学习的知识加以系统化和概括化

美国心理学家布鲁纳说："人类记忆的首要问题在于组织，也就是知道到哪里去找信息和怎样获得信息。在信息的任何组织中，如果信息嵌进了一个业已组成的认识结构中，而减少了材料的极度复杂性，那就会使那类材料易于恢复。一般说来，按照一个人自己的兴趣和认识结构组织起来的材料，就是最有希望在记忆中'自由出入'的材料。"可见，让孩子把所学知识加以系统化和概括化是形成记忆的良好准备性的条件。例如，孩子学习汉字，就要把字、词、句联系起来学。学习数概念就要把字的组成分解和加减运算结合起来。认识白菜、菠菜、包菜等蔬菜时则可以和苹果、梨子等各种水果的认识加以比较和概括。孩子在知识的系统化和概括化过程中，不仅可以培养记忆力，而且也可以改善和发展孩子的思维能力。

超群的记忆力是许多有造诣的科学家的特点之一。现代认识心理学的研究认为，决定记忆效能的主要性质是它的准备性，即能迅速从已认识的知识贮备中取出为当时所必须的东西的技能，做到得心应手，在记忆仓库中随时都可能再现所需要的东西。在日常生活中经常说"这个人肚子里有货，就是倒不出来"，就是因为他的记忆的准备性差。他的记忆就好象是一个杂乱无章的仓库。虽然仓库藏货丰富，但是却很难找到你所需要的东西。所以，建设孩子现代化的智慧仓库，发展孩子的记忆力，不仅要求记得快、保持久，而且要准备性好，容易再现。这样，才算是具有良好的记忆力。

110

五　丰富孩子的想象力

想象丰富是一种多么迷人而又令人敬佩的智慧品质。从孩儿的记忆发生作用之日起，想象就伴随着宝宝去参加各项游戏和学习活动。想象可以把一根竹竿变成一匹强壮的战马，奔驰在杀敌的疆场；一会儿，竹竿又变成一支现代化的冲锋枪，为击退敌人的多次进攻立下了汗马功劳；转瞬间，竹竿却变成了一面胜利的旗帜，飘扬在激烈争夺的制高点上。从儿童期的科学幻想到成年人的生活、工作、学习和科学家的创。造发明、作家的文艺创作等都少不了想象的积极参加。可以说，人们生活中的一切活动都离不开想象。它不仅可以给人们的行为活动带来强大的动力，而且还为人类社会的发展创造许多新的财富、作出不少新的贡献。然而，这一切都是建立在儿童期丰富的想象力的基础上的。可见，让孩子张开想象的翅膀在幻境中翱翔对于儿童智慧的发展是多么重要啊！怎样才能更有效地发展孩子的想象力呢？

（一）首先必须引鲁孩子广泛地观察大自然和社会生活，使孩子从中积累丰富的知识经验和事实表象

想象，不管是多么的奇特和新颖，都是在各种事实表象的基础上进行加工改造而成的。例如，前面所说玩竹竿的孩儿，如果他没有马的有关知识，他怎能把竹竿当马骑并奔跑呢？如果他对枪的功能并不理解，他就不能逼真地模仿射击敌人的动作。又如，大家所熟悉的《西游记》中的孙悟空和猪八戒，也是作者充分利用各种知识（如人的各种心理活动、猴子和猪的外形及动作习性、神话传说、日常生活等等）重新加以组合而成的一种新奇的形象。在一些古代艺术中的狮身人面象等也是已有知识经验的改造和重新组合。获得专利的小学生所发明的"充气雨衣"，就是雨衣与充气塑料动物相结合的产物。所以，要发展孩子的想象力，首先要使孩子见多识广、积累丰富的表象材料。在某种意义上讲，孩子的知识越多、表象越丰富、思路就越广，多通道的联想活动就容易形成，孩子的想象力

111

就能得到更好的发展。

（二）要重视孩子言语的发展，充分地发挥语言在想象活动中的作用

孩子学习知识和进行想象活动都要以语言为中介。孩子在进行想象活动过程同样也需要有声或无声言语的伴随才能有效地进行。你可以发现，年龄小的孩子，他是一边玩一边自言自语的。这种一边玩一边自言自语的过程，实际上就是一种想象活动的过程。孩子言语有了较好的发展，对于听懂他人讲的故事或自己进行有效学习却是一个重要条件。所以，在孩提时，要发展孩子的想象力，进行想象活动的训练，不仅要重视孩子口头言语的发展，而且也要适当地进行书面言语的学习。只有这样，才能在为发展孩子想象力的道路上扫清各种障碍。关于言语的发展，后面还要专门谈谈。

（三）组织孩子参加各种训练活动，促使孩子的知识经验向丰富的想象力转化

孩子的想象力是通过训练活动才能得到发展的。丰富的知识，是发展想象力的有利条件。但是，知识本身不可能自然而然地转变为想象力。根据研究，孩子想象力的训练活动主要有如下几个方面。

①让孩子讲述自己的自由画。

不论年龄大小的孩子，只要他能握笔时都喜欢自由画。它是孩子运用已有知识进行想象活动、发展想象力的极好方法。孩子画的东西，往往使大人感到不可理解。可是，他却可以把画面内容编成一个生动有趣的故事讲给你听，而且讲得有声有色，使你捧腹大笑。在孩子讲自己的画的过程中，家长应给予积极的引导启发，从画面上可以启发他增加内容，从关系上可以变得更加复杂，从颜色上可以变得更逼真和协调，从形态上变得更有趣逗人，等等。这样就可以使孩子的思路不断扩展和深入，使孩子能浮想联翩，从一个新的幻境进入另一个新的幻境。

②可以给定一个图形，让孩子充分开展想象活动，看看孩子能说出多少样东西来。例如，画一个圆形，可以让孩子想想，它象什么，还象什么……。或者是画一个方形、三角形让孩子再去添笔划，看看他添加哪些笔划可以变成什么东西。变出的东西越多，说明孩子的知识越丰富、联想能力越强。这对于发展想象是极有好处的。

③在带孩子散步时，观察想象天空的云彩，是训练孩子想象力的极好机会。天空的云彩变幻莫测，这本身就可以吸引孩子。如果家长能有意识地引导孩子进行观察想象云彩象什么东西时，他会更有兴趣地说个不停，甚至象把孩子带入仙境一样的有趣。

④充分利用积木、积塑、七巧板等组合玩具的作用。不同的排列组合方式可以把一些玩具组合成许许多多的图案。仅以我国的传统智力玩具七巧板为例，就可以摆成几千个不同的图形（各种人物、动物、植物的状态、动作特征等）。其它智力玩具，如魔方、魔条，等等，在训练孩子的想象力方面都是很有作用的。

⑤让孩子去想象故事的结尾。

孩子都喜欢听大人讲故事。怎样利用孩子的这个特点来发展他的想象力，有心发展孩子想象力的家长，在故事进入高潮和结尾阶段总是让孩子自己根据前面的故事情节去推论、想象故事将如何进行和结尾，这种结尾的方式越是多种多样，说明孩子的想象越丰富。在多种结尾的情况下，家长可以帮助孩子进行分析比较。这样，不仅可以丰富孩子的想象力，而且可以发展孩子的发散性思维和逻辑推理能力。

另外，还可让孩子自编故事或引导孩子积极参加集体性的创造性角色游戏。这都是发展儿童想象力的好方法，家长们不妨试试。角色游戏不仅是成人社会生活在孩子行为中的再现，而且孩子还会根据自己的理解和需要进行改造。它既可以使孩子从中学到许多知识，又可以促进孩子想象力的发展。

⑥不要禁止孩子去玩泥、水、沙。

有许多家长总是禁止孩子去玩泥、水、沙。其理由，一是玩泥、沙、水不安全。一不小心就会伤害眼睛、被水淹；二是容易弄脏衣服，既难看又不好洗或没时间洗。看来这些说法不是没有道理。但是，我们反躬自问：为什么从古至今、国内国外的所有孩子都喜欢玩水、泥、沙呢？那怕是明明知道要挨打还是去玩呢？可见，水、泥、沙的魅力是多么大！这点正是家长们所不注意也不了解的问题。孩子喜欢玩水、泥、沙，是这个年龄的孩子心理发展的需要。他要认识万事万物，包括水、沙、泥在内。其它事物都有固定的形态和特征，经过几次学习就可以认识而且不必要重复了。可是，水、沙、泥却很不相同。它们虽然看得见，摸得着，可是他们却都是千变万化、没有一个固定的形体。你想把它变成什么样就可以变成什么样。这种特性可以满足孩子强烈的好奇心和求知欲。表面上看孩子是在玩水、沙、泥，实际上他是在探索它们的特性。他们这个玩的过程就是一个学习和认识发展的过程，从中逐步认识它们的性质、特点。因此，建议家长们不要禁止孩子们去玩水、沙、泥。相反地，应该指导他去玩，从千变万化的水、沙、泥中去发展孩子的想象力。当然，安全问题也是要注意的，但不能因噎废食。

六 要塑造孩子具有新型的思维方式和品质

人们在讨论各项改革如何深入开展时都提到要变革人们的思维方式。因为，一切改革都是要靠人去组织和实施，而人的行动又是以自己的思想为指导的。所以，改革—人才—思维就成了人们议论的热门了。一个人智慧水平的高低，在很大程度上取决于他的思维方式是否科学、思维品质是否良好。如思维的深刻性与广阔性、灵活性与敏捷性、独立性与批判性、创造性与新颖性等。儿童智力开发为的是更好地培养新型人才。因此，新型思维方式和品质的培养当然也应成为儿童智力开发的重要课题。幼儿是人生智慧发展的关键时刻。如果这个时期幼儿的思维能力能得到良好的训练和开发，孩子将来的学习、工作都会比较顺利并取得较大成就。有人曾经对学习成绩优劣的中小学学生进行了广泛调查。从中发现，造成成绩优劣的重要原因之一，是他们之间的思维方式和品质差距较大。有人曾经在对男女学生思维水平和特点的分析中也发现，不少女孩子，在抽象逻辑思维方面不如男孩子强，所以在理科知识学习方面的成绩低于男孩子。可见，在儿童智力开发的训练活动中要特别重视孩子新型思维方式和品质的培养。

115

（一）要培养孩子具有新型的思维方式和品质，家长自身要首先进行旧的教育观念和思维方式的变革

教育者必先受教育。不能正己，焉能正人。很难设想，家长自身都存在严重的旧教育观念和思维方式，他们还能够塑造出符合现代

孩子聪明的秘诀

社会要求的创造型、开拓型人才来。据研究，当前家庭教育中影响孩子新型思维方式的旧的教育观念和思维方式主要有如下几个方面。

①要求孩子绝对服从长者的"好孩子"观念和"唯命是从"的思维方式。

有的家长要求孩子听话，接受成人正面的规劝，是出于训练孩子具有良好的社会道德行为习惯，这是无可非议的。但是，不少家长却出自于对孩子过分担心和保护的心理，给孩子作出许多清规戒律，限制孩子正当的活动。孩子若有所违背，便训斥为"不听话的孩子"而加以惩罚。在这些家长的眼里，好孩子的标准就是听我的话。有的家长出于过强的自尊心，不允许孩子提出不同意见或反对意见。哪怕是自己错了，也要孩子绝对服从。在这些家长看来，这样做才能树立家长的威信。其实，恰恰相反，这种做法只能降低家长的威信。上述种种做法，不管家长的主观愿望如何，其结果必然是窒息孩子的独立性，扼杀孩子的创造精神，只能培养出孩子唯唯诺诺、唯书唯上、唯命是从的奴隶主义的思维方式和胆小怕事、缺乏主见、随大流的儒弱性格，而不可能造就出独立思考、藐视权威、富有创造精神的新一代。

②片面追求分数的人才观和死记硬背的思维方式。

116

有不少家长由于受种种历史和社会原因的影响，对科学的人才观缺乏正确的理解。在他们看来，分数高就是好人才，把分数作为评价学习、衡量人才的唯一标准。有许多家长对孩子放学回家后问的第一句话就是你今天在学校得了多少分，而不是问孩子今天在课堂上给老师提了多少个问题。根据心理的研究，我国目前的考试分数在一定程度上可以作为一个人智慧水平高低的参考指标。但是，分数本身又是受学生和评分者的种种主客观因素所制约的。评分过程也是一个动态过程。同一个评卷者对于评分标准的掌握在前后也不可能完全相同，至于不同的人对于评分标准的掌握差距就更大了。而且在特定条件下分高不一定就是智慧水平高，仅仅是用死记硬背的方式所获得的结果。社会上常说的"高分低能"现象就是这样形成的。当然，一些有见识的家长却不把分数看得特别重要，而是强调创造思维和理解记忆的发展。他们的孩子回到家里，家长首先问的第一句话却是"你今天在学校里给老师提了多少个有价值的问题？"前面两位家长的这两种问话，反映了两种不同的教育思想和思维模式。显然，从当前教育改革的要求看，唯分数的人才观不转变，孩子就有可能成为一个呆头呆脑的书生，读死书，死读书，最后就是读书死。

③陈旧落后的学习观和形而上学的思维方式。

不少家长受陈旧落后的教育观、学习观的影响较深，认为孩子上小学学习语文、数学等知识才算是学习；而在此之外就不算是学习。他们不仅把孩子上小学前后两个相互联系的阶段孤立起来看待；而且把孩子的学习与游戏玩耍也对立起来。认为游戏玩耍就不是学习，因此，就不重视通过游戏玩耍活动来训练孩子的思维能力，也不能抓住家庭生活中的点滴空隙来启迪孩子的智慧。这样，家长中便出现了"放羊式"的教养方式，在这种情况下，家长就不能有意识地通过孩子最喜欢的游戏活动来培养孩子的思维能力，发展孩子的社会性。这是当前家长中旧的教育观念、学习观念和形而上学的思维方式所导致的家庭教育的盲目性的一种表现。

（二）把新型思维方式和品质的训练寓于孩子的日常生活学习之中

在传统的教育观念中，孩子的思维训练往往只局限在幼儿园或

117

学校的学习活动中，认为这是老师的责任。这是错误的。孩子的新型思维的培养，特别是早期训练，家长有着特殊的作用，可以说责无旁贷。因为孩子在家中的时间长，在家庭生活的各个方面经常会碰到自己解决不了的问题，需要求助于家长的指导和协助。如果家长能自觉地意识到在给孩子指导和协助的过程就是培养孩子新型思维方式和品质的过程，而且有计划地创造各种问题环境去组织种种解决问题的训练活动，孩子的新型思维方式和品质就可以很好地得到培养。据研究，在家庭日常生活中可以从如下几个方面去组织孩子的新型思维训练。

①让孩子从小就能主动地按自己的意愿进行有意义的各项活劫。

孩子思维的独立自主性是从日常生活的活动中开始培养的。例如，孩子刚学会手眼协调动作时，他就要自己用勺子吃饭、用杯子喝水。如果家长过分溺爱，往往会不让他自己吃、自己喝；而是要喂。有的孩子甚至到了3～4岁或上小学了还要家长喂饭，孩子跑到哪里，家长就跟到那里去喂。这种教养方式不是在培养孩子的独立自主性，而是培养其惰性和依赖性。生活中的这种毛病就会转化为一种不良的思维品质并迁移到以后的学习中去。又如，孩子学会走路之后，他就偏偏要走一些坑坑注注的道路，而不愿走平坦大道。家长对孩子的这种走路方式却百般限制，甚至强行把孩子抱着走。结果还是孩子赢了。他又从头在坑注的地上再走一遍。我们的家长仅仅从过分耽忧孩子的安全考虑，却忽视了孩子要求探索道路的特点、学会平衡的需要，更不知道孩子的这种活动方式对发展其独立自主性和平衡能力是极有好处的。

有许多家长喜欢什么事情都给孩子准备得好好的，不说让孩子亲自去做，就是孩子还没有想到的事情，家长都已准备妥了。母亲对孩子的一举一动真谓心领神会。这种保姆式的教养方式对于培养孩子的独立自主性也是极大的障碍。在生活中养成的这种依附性往往也容易形成思维方面的依附性。所以，作为现代家长，应该有意识地让孩子能独立自主地进行各项活动。

②建立和谐的民主平等的家庭关系，鼓励孩子敢于独立思考，发表自己的各种看法，那怕是错误的意见也应该让他说完，适时而又恰当地给予引导。

根据许多调查，在民主平等的家庭关系下成长的孩子，思维比较活跃，分析问题也比较有深度。对一些问题也敢于提出自己的看法，不容易受暗示。相反地，在家长式统治气氛下成长的孩子，往往显得思维呆板，不敢畅所欲言，也提不出自己的不同看法，而是看家长的脸色行事，容易受家长的暗示而改变自己的一些看法，或者动摇于各种见解之间或者是盲从附和随大流。

有的家长往往顾自己的面子，对孩子与自己看法不同的意见采取压制态度，或者是孩子提出的一些问题，家长无法回答，便很不耐烦地训斥孩子，都会挫伤孩子思考问题的积极性，影响思维独立自主性的发展。

③要鼓励孩子善于透过平常的事物和现象去发现不平常的、为人所不注意的新问题和新规律，或者用不与常人惯用的方法去解决某些问题，防止思维定势的束缚。

思维方式和品质较好的孩子，往往不受已有经验的限制，能创造性地解决新问题。例如，你要孩子将一个苹果切三刀分成八块时，如果孩子总是从平常习惯性的用刀切东西的方式去思考问题是无论如何也切不成八块的。一旦改变了习惯用刀切东西的思考模式，就可以用三刀切成八块了。

④在认识各种事物过程中注意比较和归纳的训练。

任何事物都有其特异性，但是，都可以从各个方面去进行比较分析，找到其共同性并按照不同的标准给予归类。孩子在认识万事万物的特征和功能基础上，如果经常给予分类的引导，他的归纳，抽象和概括能力的发展就比较快。例如，有个孩子6个月后，知觉水平提高很快，到1岁时，他可以从性别和年龄方面进行恰当的概括。他碰到不同的对象可以很快地称呼"爷爷、伯伯、叔叔、哥哥、弟弟或奶奶、阿姨、姐姐、妹妹。"有位专家用一个问题："1头牛加1匹马等于多少?"问一个2岁的小孩。这个问题就中小学生或成年人有时也不易圆满回答。但是，这位年仅2岁的孩子却圆满地回答了。她说："等于两个耕田的动物。"她所以能这样回答，是因为她不是从眼前的实物和传统运算中的法则同类项来思考；而是从抽象的更高层次去理解，打破并超越了"不是同类项不能相加"的加法原则。如果她不能从牛和马都是动物，都可以耕田这样去归类，她就回答不了这个新情景下的新问题。他的这种概括能力是从电视电影和各种图画等方面获得的知识基础上加以归类概括的。在家庭里可以对孩子进行归类概括训练的类似的情况还有：餐具、家具、文具、衣服、床上用品、药品、食品、蔬菜、水果、交通工具、植物、动物等都可以指导孩子去进行归类和概括。孩子在这个概括化、系统化过程中，不仅巩固和深化了知识，而且又发展了概括和推理能力，为自学新知识新材料提供良好条件。

⑤要在认识事物的各种关系的同时，训练孩子的推理能力。人类思维的重要特点就在于有非常复杂的推理能力，从而能超越时间空间的限制，去认识过去，预测将来。然而推理能力又是在孩提时

代开始发展起来的。据研究，在儿童早期推理的发展如果从推理的性质上看，主要有关系推理（因果关系、功用关系、对比关系、整体与部分关系等）。如果从训练形式上看，可以有图形（画）推理（一个大圆和一个小圆为一组的范例启示下，孩子便可以在大三角的旁边补一个小三角形。又如，当孩子看到一个小孩用扫帚扫地的这组画面时，问孩子，扫帚是做什么用的？待孩子回答后呈现一把牙刷的画面给孩子看，他就会从一堆图画中找到一个孩子在甩牙刷刷牙的画面配上去）。也可以用数数进行推理（如1、3、5、［　］的这个题，就是让孩子理解前面各个数字之间的一定关系，从中推论出后面这个括号内应填上"7"字。因为两个数字之间都是相差2。又如2、4、16、［　］这个填数题，对上了小学的孩子就可以从平方的关系来理解它，从而得出最后应填上256这个数）或者用言语形式进行推理（如问孩子，天下雨后，地上会怎么样？看到闪电后，马上会听到什么？又如，在讲故事过程中，让孩子对故事结尾的猜测也是一种推理形式）。

⑥把智力训练故事化、活动化。

在孩子要求听故事时，不少家长往往只注意一些情节或思想教育内容，而忽视智力开发。其实，有许多故事不仅具有知识教育的作用，而且更具有培养新的思维模式的价值。例如，《乌鸦喝水》这个故事，不仅使孩子知道物质占有空间、水的形态之可变等知识，而且打破了过去"喝现成水"的定势思维，并从事物之间的相互关系上去寻找解决问题的办法。又如，《曹冲称象》也是一种智力故事。如果按丞相们的定势思维去思考，无论如何也是难于称出这头大象有多重。但是，小小7岁的曹冲却超脱了传统思维模式的束缚，而用量的换算这个崭新的思维方式，即从物体的形态变化、量的变

121

式等方面去思索和解决。如果他没有一般物体重量的常识和水的浮力与船的功能等知识，就不可能提出这个称象的新方案。又如，《刻舟求剑》这个故事是从事物之间的变与不变的相互关系上来启迪孩子的智慧，使他能从多方位、多因果的角度去认识事物，不能总是只从一个方面去考虑问题并作结论。如果家长们能从各种事物之间的复杂关系上去思考，可以编出许许多多的智力故事来训练孩子的智力。

⑦引导孩子从多功能的角度去认识各种物品的多种特性，敢于"异想天开"。

在人们的长期生活过程中，所有的物品都有其常规功能。例如，传统观点认为，碗是盛菜吃饭用的，砖是建筑材料，等等。假如我们变换一个视角去思考，你就可以发现碗可以作为一种乐器使用，也可以作为划圆的工具，等等。这就是报刊上经常宣传的"发散思维"或"求异思维"。如果在日常生活中形成了发散性的思维模式，孩子在学习知识时就不会盲目听信，在新的环境下解决新问题时就不致于手足无措、无能为力。

⑧猜谜是智力训练的一个好方法。

谜语是一种特殊的思维对象。一般都是运用寓意的手法去构造，即先隐藏事物的本体，而借用性质和现象上有联系的比喻对象加以暗示和影射。喻体（即谜）是谜面，本体（即比喻对象）为谜底，猜谜者就是由谜面得到暗示从而联想推理找到谜底。可见，猜谜不仅有趣、幽默，引人发笑，而且可以激发和满足孩子强烈的求知欲和好奇心。它既是一种高尚的娱乐活动；又是丰富想象、锻炼思维、开发智力的有效途径。

谜的种类基本上分为物谜、事谜和字谜（又称语文谜）。由于谜是一种抽象概括化的产物，所以它对于充分发挥想象功能和思维训练都有良好的作用。在幼儿教材中有大量的物谜，这些谜语多是反映孩子自身的部件和周围事物的内容。

⑨要主动给孩子的活动创设一定的困难情境，指导孩子自己想办法、出主意去克服困难完成任务。

思维发端于问题。解决问题的过程就是思维过程。一般说来，不费吹灰之力就能解决的问题，孩子思维的积极性主动性是不高的。如果问题有一定难度，但又不是高不可攀，经过一定努力完全可以得到解决，孩子的积极性就可能更高一些。有人曾经调查过许多小学生对解应用题难度的态度，结果说明，不仅优等生喜欢解难题，而且差生也喜欢解难题。他们认为难题"更有意思"。这种更富有刺激性和挑战性的题目可以满足孩子的好奇心和好胜心的需要，既可以锻炼性格和意志力，又可以发展思维，真谓一举两得。近几年来风行一时的"发现法"在一定程度上也可以起到这种作用。

七　让孩子及早掌握人类社交和思维的工具——言语

前面已经阐明，言语能力是智力结构中的一个重要特质。孩子不仅要通过言语来认识世界，而且也要用言语来进行思维和社交活动，用言语来表达自己的意愿和情感。婴幼儿的言语训练总的要求是使孩子能说会道、会读会写。研究认为，儿童言语的训练可以分为几个大的阶段来进行。

（一）在孩子1岁之前是言语的准备期和发生期。这个时期主要是训练孩子的发音和初步理解言语的能力

①在孩子吃饱睡好后的清醒时期，家长要给孩子充分的言语刺激。如通过自问自答并有表情和动作的方式对着孩子说话等。

据研究认为，孩子在1周岁以前不会说出有意义的话。但在真正学会说话之前却具有交际意义的发音，而且能理解言语的简单意义，对言语作出反映。婴儿对言语刺激非常敏感，不到10天的新生儿就能区别语言和其它声音并作出不同的反应。1个月时，他的肌肉运动的停止可以和成人语言的停顿同步。孩子在2个月以前对成人发出的声音已有较明确的反应。到3~4个月时，孩子就能停止自己的发音来听大人的发音，头和眼睛都可以转动去寻找声源，有时会发出笑声或咿呀不停的声音向成人作出反应或呼叫。在孩子8个月时，发音相对稳定，能用它来表达自己的愿望和情感，也能学会一些习惯的言语动作。例如，说"再见"，他就抬抬手；你要他把某个"字"卡取来，他就可以伸手去取来。到了1岁，基本上可以说出经常训练的词，如"爸爸"或"妈妈"或"奶奶"等。

在这个时期还可以让孩子倾听成人或儿童之间的交谈，甚至可以听几种语言。例如，日本曾有报导，当3~4个月的孩子在听妈妈教哥哥读外语时，他也在注意听着。后来，他的外语成绩很快就赶上了哥哥的水平。所以，家长不要以为孩子还小，对他说话时等于"对牛弹琴"。恰恰相反，这时大量的丰富的言语刺激可以使孩子提前说话，许多儿童说话比较早，其重要条件之一就是家里经常有许多人逗他说话。这个能听懂话但还不会说话的阶段，又被人们叫做消极言语发展阶段。

②在认识事物名称的同时教孩子学说话，孩子到了1岁以后，言语发展较快。开始学会说出有意义的单句词，这就是从消极言语向积极言语转化的关键时期。这时的单词句是与动作紧密结合的，意义和词性还不准确。但在语言的理解方面却有了较大发展。他可以通过成人的言语来调节自己的情感、愿望和行为。成人用肯定的言语时，他很高兴；若用否定言语时，他会感到不愉快，从而调节自己的情绪和行为。这就说明，家长在这个言语训练期间，不仅要同认识事物的名称、增长见识结合起来，而且要把学说话的过程也看作是一个行为习惯的训练过程，从摇篮时代起就要通过言语强化来使孩子知道什么事是可以做好，什么事是不可以做的。从小受到了这个行为规范的熏陶，长大了才能自觉遵守社会道德规范。

在孩子学会说单词句的基础上，很快就可以发展到双词句或"电报句"，即出现由二个或三个词组合成的一句话。例如，"妈妈喝"。这时表达的意愿孩子本身是清楚的。但这个句子语法结构上是不完整的，它带有浓厚的情境色彩。因此，这种"电报句"一般人不易理解，只有妈妈是心领神会的。

儿童到了2岁时，已学会说完整的简单句，有了语法结构形式。到了3岁，他的语言基本上都是完整的句子了。在这个时期，不仅是让孩子在认识事物中学会说话，而且要教会孩子逐步把言语作为社交活动和思维活动的工具来使用，使孩子的说话能力向纵深方面发展。在这个时朗，孩子会创造许多新词汇。在词汇匹配方面也会闹不少笑话。作为家长一定要注意鼓励孩子多说话，敢说话，说错了不要笑他，否则会阻碍他说话能力的发展。

③在初步掌握积极言语、学说话的基础上，有条件的家庭可以进行两种言语学习的训练。据研究认为，3～4岁左右是语言发展的

最佳期，如果孩子在这个时期能在几种言语环境中生活，可以自然地学会几种言语，国内外的不少"双语教学实验研究"已经说明这是可行的，有价值的。据《光明日报》1986年9月29日报导，目前美国有许多学龄前儿童纷纷学习外语，人数之多，致使各地语言培训中心应接不暇。他们当中有的人甚至还学第二外语。专家们发现，会两种语言的儿童比只会一种语言的儿童更为聪明，阅读能力更强，想象力更丰富，思维更活跃，并能很好地理解抽象概念。现在美国有1200多个语言中心专为6岁以下的儿童服务。但这远远满足不了社会上日益增长的需求。有的家长担心同时学习两种语言会导致孩子们混淆不清。然而，观察表明，会两种语言的儿童常常把所学的两种语言交替使用。无论如何，幼儿外语训练有助于子女今后的学习，至少他们在日后学习外语时会比那些孩提时代没有学过外语的人来得快，更容易上口。在儿童启蒙时代进行外语培养有百利而无一弊。人们都知道，普通话和广东话几乎是两种不同的语言。有个孩子的妈妈是完全讲普通话的。可是，带孩子的奶奶却是地道广东老太婆，她只能听说广东话，不会听说普通话。孩子在这两种言语生活环境的影响下，既学会了普通话，又学会了广东话；而且他还是个"小小翻译家"。他在奶奶和妈妈的言语交流之间起到了桥梁作用。这个两种语言的环境对他认知能力的发展确实起了很好的作用。

所以，有条件的家庭，让幼儿学点英语是有价值的。但是如果大人的外语发音很不准确，倒不如不让孩子学或用外语磁带来教孩子学。因为孩子学了不准确的发音，将来很难矫正。

在孩子的说话能力迅速发展的这个时期，对于城市双职工家长来说，请的"小保姆"尽可能要相对的稳定，不要变更太频繁。因为，目前的"小保姆"基本上都是农村地区的小姑娘，同一个省份而不同地区的方言亦有较大的差别。如果几个月就换个"小保姆"，孩子学说话往往遇到很大的障碍。有个孩子的父母都是大学中文系毕业的学生。可是，他们的孩子到了2岁多入了城市幼儿园还不会说普通话。经了解，是由于孩子在此之前在农村，后来到了城市多次调换生活环境和更动小保姆，致使孩子在语言的准备期和发生期无所适从，导致言语发展迟缓。后来经过早期的补偿教育，虽然有了较大进步，但仍赶不上同龄孩子较好的水平。所以，对孩子的发展，不能仅从生活的一个角度去考虑，应从孩子的多方面发展去衡量，看看是否对孩子言语的全面发展有利。

④当孩子初步学会说话并能进行交往的时期，可以通过游戏等孩子喜闻乐见的形式认识一些汉字。这对于孩子的发展是大有好处的。关于婴幼儿识字问题一直有争议。有的人认为，幼儿教育大纲没有这个要求，就不应该让孩子识字。这种理由是不充分的。现在的"幼儿发展大纲"基本上还是以40～50年代的儿童心理发展特点为基础而拟定的。现在国内外的所有生理学家、心理学家都认为儿童的发展与过去比较，不论在生理上还是在心理上都已提前两年左右早熟。"大纲"自然应作调整，而不应是"百年一贯制"。"幼儿教育大纲"在总体上是对儿童学习潜力的低估和以传统学习理论模式为基础的，缺乏现代心理和生理科学的论证。"幼儿教育大纲"是以"量力性原则"和孩子是个消极被动的"受纳器"等旧的教育观念为指导的。它只看到孩子身心发展为教学所作的准备这个方面，而不是用"主体学习的原则"和"教学要走在发展的前面、促进发展的原则"为指导的。把"大纲"加以法律化、绝对化本身就是违背我国教育的性质和目标所要求的。它只能作为"义务教育"的下限，而不应该是限制儿童发展的上限。所以，不应该因噎废食认为

"幼儿教育大纲"没有识字的要求，就把幼儿识字作为"禁区"来对待。

婴幼儿识字有三大问题要探讨：a. 婴幼儿识字有无必要，识字的目的是什么；b. 婴幼儿识字有无可能；c. 怎样教婴幼儿识字（何时教、教多少、怎样教、达到何要求等）。

婴幼儿识字有无必要呢？有。a. 汉字是一种抽象的符号。它可以诱导孩子的逻辑思维的萌发。b. 汉字是言语形式的一种。它可以促进口头言语的发展。c. 汉字又是交际工具。它可以为孩子的社交活动提供更为有效的条件。d. 汉字是事物的符号。它可以帮助孩子通过同化过程主动地去认识更多的事物，孕育其自学和自立能力。e. 认识汉字是孩子所喜爱的变化多端、非常有趣的图形知觉活动，与孩子强烈的好奇心、求知欲相吻合。它可以培养其强烈的学习兴趣和良好的学习习惯，为其日后的志趣和理想播下良好的种子。f. 通过识字阅读活动，孩子可以从语义和事物形象中受到人格和情操的陶冶，加速其社会化过程。有的人所以认为婴幼儿没有必要识字，其重要原因之一是对识字的多功能特点缺乏深刻认识。

还有的人认为，幼儿识了字，上小学就不想学了。如果幼儿学会的东西，在小学再学，孩子是不愿学的。但我们不能因此而压抑幼儿的发展，而应从改变小学教育去引导孩子的发展，这才符合人类社会发展的要求和儿童发展的规律。有的人还用自身的教学经验来劝阻别的家长不要教幼儿识字。她说，一年级学生入学后，没有识过字的孩子对识字很有兴趣，进步很快，而识了字的孩子对识字教学就毫无兴趣，不愿学习，所以没什么进步，结果过去没有识字的孩子便赶上了他们。这一事实是可能的。但并不能作为反对幼儿识字的根据，只能说明我们现代教育的落后和孩子的不幸遭遇。如果按照这个逻辑，高中或大学也没有必要开语文（语言）课了，因为课文上的字学生都能认识。我们大人听过的报告，要你去听一遍你都不愿意听，是责怪你呢，还是责怪报告的组织者呢？当然不是你，而应该是报告的组织者。所以孩子认了的字你还要他再去学，他当然不愿意。这只能怪我们的教育思想和教育制度及教学组织与方法本身所存在的严重弊端。不让幼儿识字，实际上是一种"削足适履"的办法，是不可取的。

　　婴幼儿识字是否可能呢？可能。婴幼儿的知觉在半岁时已经发展到相当水平了，他能从众多对象中认出自己的亲人。到了1岁后，甚至可以对不同性别和不同年龄的辈份和不同的社会角色进行相应的称呼。在这个时期，他认识的各种静态和动态的事物已经相当可观了。而汉字这种平面图形的知觉和记忆，与前面的社会认知对象相比，简单得多；让他来认识和记忆汉字可以说是毫不费劲。孩子对新异刺激都很感兴趣，而汉字本身又具有多变的特点，自然地能激发孩子的兴趣。只要是孩子有兴趣的对象，他学起来就容易。大人也莫不如此。

　　⑤孩子的动机因素在形成过程中，经验还缺乏。在他的脑海里，还没有象成人经验认为的那样，这事情容易，哪事情很难的印象。在孩子的经验中还没有形成这种难与不难的定势，一切学习对象，对他来说都是从零开始的，不存在易难之分。所以，我们应该真正理解孩子的认知发展特点，不能用成人的经验和动机代替或强加给孩子，从而否定孩子识字的可能性。事实上，现在国内外的许多实验研究，包括大脑生理发育方面的研究和早期剥夺实验的事实已经充分证明孩子识字是完全可能的。

　　怎样教孩子识字呢？

孩子聪明的秘诀

许多家长不明白孩子识字还有许多道道，只晓得要孩子死记硬背一些汉字。

国内外的许多名家、学者或近几年来我国的少年大学生和超常儿童中，有不少人的成长道路的确是从幼年识字开始的。但是，有些家长把识字学习绝对化，只从识字的表面现象上去吸取他们的教子经验，而忽视了其经验的实质的深刻理解。因此，虽然孩子进行了早期识字，可并没有达到预期的理想目标。这些家长便埋怨他们的教子经验之不可取；而社会上一些旧的教育思想和传统观念较重的人以此作为责难儿童早期识字的口实。其实，"经"是好的，只是"歪嘴和尚念歪了经"而已！要搞好儿童早期识字，就需要明确如下几个问题。

a. 首先要把识字在孩子心理发展中的地位和作用摆正。儿童识字不等于就是开发智力，只能说它是开发智力的重要手段之一，更不能把识字完全等同于儿童的早期教育。儿童的早期教育不仅有识字学习，还包括其它许多方面的学习和发展。例如游戏、计数、画画、手工、音乐、体育等都可以从不同的侧面来发展儿童的智力，培养儿童良好的性格和品质。

b. 其次，我们认为，孩子学认字既是目的又是手段。说它是目的，就是儿童识字应有一定的要求，达到一定的标准。例如，幼儿学识字，一般说来应做到三个结合和初步"四会"。即字的音、形、义的结合，字、词、句的结合，识字、阅读、口头造句等的结合并达到会认、会读、会用、会写的基本要求。要达到上述目标还需要有一定的识字量为基础。"三个结合"和"四会"的内涵也有其各个不同的层次和水平。不同年龄的儿童，其成熟水平不同，要求也应有所区别。有些家长教幼儿识字未能取得较好的效果，其重要原

130

因之一就是对识字学习对不同年龄孩子的要求应有所区别缺乏全面、正确的理解所致。

　　说幼儿识字是一种手段，我们认为起码应包含如下几个方面的意义。第一，幼儿识字是为了促进孩子言语能力的发展，使孩子的口头言语与书面言语起到相互促进和完善发展的作用。那种只强调口头言语要为书面言语的学习打基础；而忽视书面言语可以促进口头言语的发展的观念是不符合儿童言语发展自身规律的。例如，要使一个孩子的口头言语发展得完善、准确、流利并富有情感色彩，需要通过规范化的书面言语的学习过程加以不断的矫正和充实。幼儿早期识字和阅读就可以使孩子的口头言语的发展达到"说得早、说得准、说得好"的要求。这对于他以后的"口才"和社交能力的发展是极为有利的。第二，幼儿识字可以加快思维的发展，加速具体形象思维向抽象逻辑思维的过渡。许多代表具体事物的汉字，幼儿比较容易认识和掌握。而不少抽象概括程度较高的名词概念，幼儿是不易掌握的。但是，在幼儿认识了不少具体事物与现象的基础上，如果能借助于汉字、词为工具加以归类概括，不仅可以让孩子较快地认识这些事物和汉字；而且还可以使他们的思维更快地向抽象概括水平过渡。例如，幼儿认识了钢笔、铅笔、卷笔刀、橡皮等物后，再学习"文具"一词时，便可以学会用文具来概括这些事物的共同特点并把它们看作是文具中的一种。如果孩子一旦悟到了这个道理和事物之间的关系，他们就会很快地将火车、汽车、轮船、飞机、自行车、摩托车等概括为交通工具，或者把筷、碗、盘、勺看作是餐具的一种。在反映客观事物关系之复杂程度不同的概念和字词的反复学习过程中，幼儿的思维过程也相应地从具体形象水平向抽象逻辑水平逐步过渡，促使幼儿的思维在学习过程中得到发展。第三，识字活动是培养幼儿学习兴趣的重要手段。许多调查材料和经验表明，年幼的儿童对于识字有着特别浓厚的兴趣。过去规定儿童入学后才识字，是成人把识字看成是一种难度很大的"苦差事"的这种观念强加给幼儿的。其实，孩子的头脑里并没有这些东西。孩子所以喜欢识字，一方面是汉字本身的美妙所致。汉字不仅是一种认知和社交的工具，而且又是一门艺术（书法就是具有中国特色的艺术）。从汉字的结构和字体特点的认识过程中可以得到美的享受。汉字又是一种具有多功能的事物，它妙趣横生。同一个字在不同的情境下配合不同的语气和表情动作或连成不同的词句，可以有各种各样的含义。同一个词句中的字，按不同的顺序排列，又可以组成各种不同意义的词句。汉字的这些特点在一定程度上能满足孩子的好奇心和求知欲的需要。另方面，孩子随着年龄的增长，独立自主的要求越来越强烈。在孩子的眼里，识字阅读是一个人长大成熟的重要标志之一。渴望独立的孩子自然也就向往识字阅读，因为它可以满足幼儿自身独立性的需要。有不少孩子，当他认识几个字之后，他走到哪里，都很注意看看有无他认识的字。一旦发现自己所认识的字，就会兴高采烈地告诉家长，以此来表白自己"行"，并为此感到自豪和骄傲。如果家长能理解孩子在这些方面的需要和特点并善于积极引导，识字活动就可以成为培养孩子学习兴趣的重要手段。有不少家长，当孩子上小学以后发现"孩子对学习毫无兴趣，整天就想着玩"而伤脑筋，是因为家长没有及早地发现和培养幼儿的学习需要和兴趣，忽视了必要的有科学价值的识字括动而使孩子形成了"玩"的习惯。这不能责怪孩子贪玩，只能怪家长自身缺乏教育孩子的战略眼光、理论素养和良好方法。第四，识字的重要目的之一是为了培养孩子的学习能力。现在许多人一谈起能力的培养就认为是大学和中小学的任务，而忽视了在幼儿期对能力"生长点"的培育。其实，识字是培养孩子学习能力的有效手段之一。只要我们稍为注意观察一下周围的孩子，就不难发现，不少孩子的学习和阅读能力是从幼年自学识字开始的。有的人听说幼儿能自学，认为是个大笑话。其实他们哪里知道，客观世界的许多事物都是孩子通过自学所认识的。我们过去的童年时代也莫不是如此，只不过是这些早期经验已经遗忘罢了！例如，在孩子初步掌握了口头言语和认识一些汉字的基础上，当他在翻阅低幼读物时，如果图画下面的一句话有 5 个字，只要他能正确地理解图画中的意思，哪怕他只能认识其中 2～3 个字，其余几个生字他也能猜出来。一旦当他猜对了这些生字，不仅可以巩固和发展孩子的自学和阅读能力，而且可以使他们产生一种成功的喜悦之情，进一步激发孩子的学习兴趣，提高孩子自学成功的自信心，形成孩子良好的动机和个性品质。所以说，识字这种学习过程，也是培育孩子学习能力"生长点"的过程。

在教孩子识字方面，家长不仅要有良好的愿望，还要掌握教孩子识字的科学方法。根据教育心理学的研究，科学的识字方法应包括如下几个方面：

①什么时候教孩子识字为好、如何掌握孩子识字的时机问题。这里讲的时机不是指孩子多大开始识字为宜，而是指孩子在什么情绪状态下识字较好。关于孩子多大识字为好的问题，目前国内外专家的看法不一。有的主张孩子的口头言语与书面言语可以同时发展，在 1 岁左右就可以开始识字。美国费城人类智能开发研究所和华东师大心理学教授曾性初就是如此。有的主张先发展口头言语，后发展书面言语，即学会说话后再识字。各人都有自己的理论为依据，都有自己的实验结果加以轮证。所以，孩子何时开始识字为好

的问题，还有待于更广泛深入和长期的实验研究之后，才可能得出一个比较科学的结论。不过，从教育经济学的观点或从孩子的认识和自我意识发展上看，孩子在初步学会口头言语后再进行书面言语的学习比较好。

根据人的情绪与学习效果的关系，婴幼儿的识字活动必须在婴幼儿吃饱睡足、精神饱满、情绪愉快并愿意识字的时候来学习。孩子只有在这种心理状态下识字才能学得快、记得牢，而且越学越有兴趣。相反，如果在孩子精神不佳、情绪烦燥，甚至抵触对抗时强制他识字，不仅学得慢、记不牢，而且可能加重孩子的烦躁情绪，影响孩子的心理健康，甚至会使孩子形成厌恶识字的条件反射，出现一种"恐怖症"，一见到识字场面就害怕。这对孩子的身心健康和以后的学习是十分不利的。

在这里需要注意的是，孩子识字的兴趣虽然有其好奇心和求知欲为基础；但是它不可能自发地形成，而是要家长善于根据孩子强烈的好奇心和求知欲的心理特点，积极主动地采用各种方法给予启发和诱导，从活动和成功中才能逐步培养孩子学习识字的兴趣。

②给孩子教哪些字为好？即如何选择识字的内容问题。国内外的专家认为，孩子识字可以从代表自己身体各个部分和围周所见所闻所接触到的事物的汉字开始。这符合婴幼儿的认知从具体到抽象发展规律的要求。国外有位心理学家，曾经比较过婴幼儿认识"鸠"和"九"两个字的难易度。实验结果说明，孩子认识"鸠"字比"九"字容易。这是因为"鸠"字有具体实物和形象作支柱；而"九"字则是一个抽象概念。所以，尽管"九"字的笔划比"鸠"字少，它还是难于被婴幼儿所认知。许多成人不理解婴幼儿认知发展的这个特点，却往往以笔划的多寡作为婴幼儿识字难易的唯一标志，或者

以小学生的认知学习特点（以掌握汉字结构规律为主）来对待婴幼儿的学习，所以效果并不理想。我们从上面的分析中可以知道婴幼儿的认知学习是以整体的感知和具体形象为支柱的。许多实验说明，凡是在婴幼儿日常生活中出现和使用的频率越高的字词，婴幼儿就学得越快越牢固。孩子首先学会喊"妈妈"或"爸爸"是因为这两个字出现和使用的频率最高。婴幼儿识字也同此理。所以，家长不能以自己的"难度"来代替孩子的"难度"，用自己的"难度情绪"去感染孩子。

③孩子的识字量如何掌握？这里讲的识字量有两层意思。一是婴幼儿究竟认识多少字为好；二是每天或每次的识字量多少为好。在学前阶段，孩子应该认识多少字，目前还没有一种比较科学的数据。因为幼儿园还没有正式作为普通教育体系的第一学段。幼儿园与小学、中学在教材体系、教学内容的衔接上，还没有人去研究和解决。但是，一般而言，幼儿应当掌握200～300个字词，能达到独立阅读幼儿读物的水平。如果有的孩子天资好，学习潜力大，又喜爱识字，不妨可以学得更多些。总之，数量的多寡要因人而异，不能强求一律。有的人以反对"揠苗助长"或耽心孩子上学后不喜欢学习为借口，使一些本来可以学会更多汉字并进行阅读的孩子却不让他学习。这种做法是不对的。浪费了孩子许多宝贵的时光，耽误了孩子心理发展的最佳期。当然，我们也不能用"潜能无限论"的绝对化观念把孩子当小学生甚至成人来对待，给孩子增加严重的精神压力和学习负担。这种做法实际上是摧残孩子。

孩子每次可以识多少个字，每天学多少次为宜，应因人而异。一般说来，在家里有专人抚育的孩子，一天可以学若干次，每一次学习的字数视孩子的智慧、兴趣和年龄而定。初学时可以少一些，然后再逐渐增加。如果是白天上托幼班晚上回家的孩子，一般可利

135

用接送过程和晚饭后的间歇时间或睡前用玩耍的形式学几个字。不同年龄的孩子由于其学习能力和知识经验不同，学习的数量也应有多寡之别。

④孩子每次学习的时间多长为宜，这要从孩子的年龄大小和学习兴趣的强弱而定。孩子年龄小、学习兴趣不很高，学习时间可以短些。孩子年龄大些，学习兴趣又较高，学习时间却可以适当的长一些。但是，一般不要超15—20分钟。因为学前孩子的有意注意较弱且不稳定，时间长了容易产生疲劳，影响身心健康，甚至会带来相反的效果。

⑤用什么方法教孩子识字为好？教孩子识字的方法有多种多样。寓识字于游戏玩耍之中有利于培养孩子的学习兴趣。把汉字与具体实物和直观图形、操作活动结合学习的效果也较好。怎样的方法教孩子识字为好，前面已经提到了，要尽可能做到四个结合：a.字词的音、形、义结合，不孤立地教字形或字音，不能死记硬背，尽可能使孩子了解字义，利用理解记忆的方法学习；b.字、词、句结合，不能只教一个孤立的汉字，尽可能把字放在词句中来学习，特别是一词多音、多义时更应注意组成各种词句的训练，c.认、读（5～6岁孩子还可以加上写）；d.学习与应用结合，让孩子看一些低幼读物、广告、招牌等，使他在应用中来体验到成功的快乐、识字的好处，从而提高识字的兴趣。

有的同志把"零岁识字、三岁扫盲"的口号作为"新理论"在社会上去宣传推广。究竟应该怎样看待"新理论"呢？有不少人为之拍手叫好；也有许多人对此表示怀疑和反对；还有的人对此难于辨认，我个人认为，只要考察一下这个口号提出的历史背景和人的心理发展的规律性，就不难看到这个口号并不是什么"新"理论，而是"智能中心主义"或"片面追求升学率"在新的历史条件下的一种新的表现形式。作为儿童言语发展或心理发展的一个课题，对婴幼儿早期识字进行一些实验研究，对于探索人类潜能或儿童学习能力发展规律是有价值的。但是，作为一种"新理论"在社会上加以宣传和推广是不够严肃的。因为每个理论工作者的言行都要对社会负责任，都要考虑到将给社会带来的效应如何。而且这个所谓新理论也是没有经过充分的可行性论证的，是缺乏科学性的。如果某些素质不高的家长和托幼老师都以这种"新理论"去实施儿童早期教育的话，将会把儿童早期教育引向何方？孩子将会怎样发展？这是值得人们深思的问题。我们根据我国"教育体制改革的决定"，儿童早期教育应该是面向全体家长和儿童，以提高全民族人口素质为目标。这是评价儿童早期教育是否正确和成功的基本指标。如果要求人们现在按"新理论"去做，也是很不现实的。它势必会更加助长"智能中心主义和"片面追求升学率"的倾向。一旦把婴幼儿识字被放在不恰当的地位，甚至等同于早期教育，家长们又缺乏正确的教育思想和方法的指导，必然会加重孩子的学习负担，造成精神异常，心理健康受损，孩子的全面发展受到影响。苏联的教育、心理学家赞可夫和美国心理学家布鲁纳的"新理论"都是经过几十年的试验，编制了一整套教材、参考书，训练了大批实验教师以后才冠于"新理论"而加以推广的。只在短短的几年内做了微量研究就把一些未经过论证和验证的想法冠以"新理论"不是开玩笑吗？

八　让孩子做到心灵手巧

孩子的动作发展不仅具有重要的生物学意义，而且也具有心理学意义。因为"思维是内化了的动作"，是智力因素的"细胞"或"基因"。所以，我们不仅能够通过儿童动作发展作为观察儿童心理发展的客观指标，而且也可以通过动作的训练来促进儿童心理的发展。那么，怎样通过儿童的动作发展来观察儿童智力发展的水平呢？这就要对儿童的动作进行精细的观察、了解，确定一定的等级来看儿童心理发展达到哪一级水平。

从动作发展的水平来考察婴幼儿心理发展水平是幼儿心理学研究的一个重要方法，例如，3个月左右的小孩，他的眼睛就可以随物体转动，这就说明他的视力发育正常。如果5个月还不能随物体转动，说明他的眼睛有毛病，视力发育不正常。小孩训练记忆力也是这样。给小孩吃糖，小孩可以看到大人在哪个屉子取糖，口里尝到甜味并告诉他这是糖，再写个"糖"字给他看。在他的大脑皮层就形成了取糖的动作和地方—声音（听觉）—味觉—字（视觉）的暂时联系。反复多次的刺激，这种暂时联系就巩固了。这时候虽然他还不会说话，但是他已经有了记忆，只要你给他看"糖"字，他就知道去拿糖吃。这就形成了记忆。小孩的想象力也是十分丰富的。在游戏中，常常可以看到，他一会儿把椅子当汽车开，一会儿又把椅子当马儿骑，一会儿又把椅子当船儿坐。一样东西，他玩的花样越多，说明他的想象力越丰富。在感知觉、空间知觉方面，如前、后、大、小、左、右等概念都是通过具体的动作和活动作为指标了解其发展水平的。所以说婴儿的动作发育和心理发展是相一致的。可以说，动作的训练就是对婴儿的大脑和心理发展的促进。苏联心理学家和生理学家专门研究了手指动作的发展与大脑发育的关系。他们把婴儿分成三组：一组专门训练左手；另一组专门训练右手；还有一组左右手都同时训练。实验结束后，用脑电图进行了比较测量，结果证明：哪一侧的手指、手腕运动多，哪一对侧的大脑神经细胞的功能水平就高。可见，动作的训练，特别是手指的训练，对人脑起着非常重要的作用。我们组织了一项实验，对 3 岁左右的小孩进行绘画能力训练。关键是手指的训练。经过两年多的训练后进行了全面的测量，我们选择了数量相等的同年龄的常态小孩和小学三年级学生，用同样的要求、内容和方法进行测量。结果证明，实验组的小孩的各项心理指标不仅比同年龄小孩的水平高，甚至比三年级学生的水平还要高。这说明，婴幼儿的动作是后天的训练中锻炼出来的。

我们从动作与心理的关系的分析中可以看到，家长和托幼工作者带孩子玩一玩、蹦一蹦、跳一跳，实际上就是在促进孩子的心理、智力、体力的发展。这对我们改进当前的家庭教育和托幼工作是有实际意义的。不论是家庭还是托儿所，在婴儿的护理和教养方面都应该注意如下问题。

（一）要改变一吃二坐三睡觉的护理方式

人是在活动中得到发展的，离开了活动，离开了动作的发育，婴幼儿的心理发展就会受到阻碍。所以，要创造各种条件让婴幼儿能尽情地活动。例如，可以在地面铺上席子或地毯让孩子去爬行，在室内准备一些材料让孩子进行泥塑、砂模型、纸工、绘画、跳、跑等游戏活动。千万不能怕麻烦。

（二）要重视对左手的训练活动

前面已提到，人的四肢是由相应的对侧大脑半球来管理的。例如，左手和左脚（腿）由右脑半球管理，右手和右脚（腿）由左脑半球管理。由于我们绝大多数人都是以使用右手为主，所以在长期的进化过程中便形成了人类的左脑优势。研究认为，人类的大脑两半球是既有分工又协调活动的。左大脑以操作言语、逻辑思维为主，右大脑则以直观形象思维为主。目前的传统学习多是使左脑训练过度，而右脑训练不足。因此，在婴幼儿的动作和训练活动中要特别重视左手的训练，训练左手或左脚（腿）实际上就是训练右脑，刺激右脑的发展。我们的家长如果从孩子出生之日起就注重开发右脑，孩子一定能以变得更聪明，更富有创造精神。

（三）要解除"不许动"的禁令

孩子的天性就是爱动。孩子动的本身就是认识世界。"动"是他探索世界的途径。他的求知欲必须从活动中得到满足。如果实行"不许动"的禁令，实际上阻碍了小孩的发展。我们要在注意做好安全保护工作的同时尽可能的创造条件让小孩玩，多用各种感官去实践。小孩的好奇心很强，一定要善于引导，而不要限制得太死。

孩子的动作训练从孩子学会走、跑、跳的大动作时期为界线，可以分为前期和后期。在孩子动作发展的前期，主要要对孩子实施被动操和主被动操。为了让青年家长能科学地运用被动操和主被动操来发展孩子的动作。现将被动操和主被动操的具体方法介绍如下。

被动操共八节，完全由长者帮助下进行的活动，适合于半岁以内的孩子。

第一节，胸部运动：婴儿仰卧、成人握婴儿手腕，使婴儿两臂胸前交叉。然后两臂左右分开，婴儿掌心向上，再还原。

第二节，上肢肩部和胸部运动：婴儿仰卧、成人握婴儿手腕，使婴儿两臂放于体侧，成人把大姆指放在婴幼儿掌心，婴儿握拳。①两臂左右分开，掌心向上；②两臂向身体前方平举，掌心相对；③两臂上举，掌心向上；④还原。平举、上举的距离应与肩同宽。

第三节，上肢伸屈运动：婴儿体姿同上。①左臂肘关节屈曲，让婴儿的手能接触到肩部；②还原。

第四节，肩部运动：婴儿体姿同上。①把婴儿左臂拉向婴儿胸前。②左臂由胸前向外环绕；③、④重复。左右手交换着做。

第五节，下肢运动：婴儿仰卧、两腿伸直，成人两手握住婴儿踝部。①两腿同时屈缩到腹部；②还原。

第六节，两腿前后伸屈：婴儿仰卧、双腿伸直，成人握住婴儿双腿的踝部。①左腿曲缩至腹部；②还原。左右腿交换着做。

第七节，两腿伸直上举：婴儿仰卧、双腿伸直，成人两手握住婴儿膝部。①两腿上举，与腹部成直角；②还原。

第八节，股关节活动：婴儿仰卧双腿伸直，成人双手握住婴儿双脚踝部。①左腿曲缩，使大腿与小腿成直角；②左腿曲缩至腹部；③左腿向体侧转动；④还原。左右腿交替着做。

主被动操共八节，在长者的稍微帮助下，让孩子自己努力完成的动作。适合1岁左右的孩子。

第一节，扶双臂坐起：婴儿仰卧，成人握婴儿手腕。①把婴儿双臂拉向胸前；②拉小儿坐起；③还原。

第二节，扶单臂坐起：婴儿仰卧，成人右手握婴儿左手腕，左手握住婴儿双脚，按住踝部。①拉婴儿坐起；②还原。左右手交替进行。

第三节，桥形动作（腰部运动）：'婴儿仰卧，成人右手托住婴儿腰部，左手按住婴儿双腿踝部。①托起婴儿腰部，使婴儿腹部挺起成桥形；②还原。

第四节，握腕跪起直立：婴儿俯卧，成人两手握住婴儿腕部，①扶婴儿跪直；②扶小儿站立；③扶小儿跪直；④还原。

141

第五节，腿后屈：婴儿俯卧，成人两手握住婴儿小腿。①提起双腿成小推车样；②还原。

第六节，扶肘站起：婴儿俯卧，成人两手握住婴儿两臂肘部。①扶婴儿站起；②还原。

第七节，直立前倾：婴儿与成人同方向站立，成人右手扶住婴儿两膝，在婴儿面前放一玩具。①使婴儿弯腰前倾，捡起玩具；②还原。

第八节，跳跃：婴儿站立，面对成人，成人双手扶婴儿腋下。①把婴儿抱起，双腿离开桌面等支撑物；②还原。

孩子动作训练的前后阶段，除了前面介绍的被主动操外，平时要抓住时机利用各种形式训练孩子的抓握动作、手眼协调动作。

在大动作的训练中，不论哪一种形式（爬、行走、弯腰、蹲、拍、拉、跳、跑等）都要注意平衡能力的发展，耐力、速度等各种素质的提高。由于孩子学会了走路，自立意识得到了发展，而且对于自己能学会走路感到莫大的安慰和喜悦。在这个成功的激励下便更喜欢独自行走，而不要大人的抱或牵着走。为了考验一下自己走路的本领，他往往要走坑坑洼洼、高低不平的路。出于母爱的本能和安全考虑，大人便往往不让孩子走这样的路，而是要抱着或牵着他走。独立自主意识发展比较强什么事情都要自己做，不要大人包办代替的孩子会极力反对大人的种种限制。大人也会感觉到"孩子越长大越不听话"。所以人们把这个时期概括为"第一反抗期"。用这种观点来看待孩子的这种表现只能限制孩子的活动，影响其动作和活动能力的发展。所以，我们不应该称之为"反抗期"，而应称之为"自主期"或"自立期"。

在孩子的大、小动作的训练过程中，不论是捡豆子、穿珠子、拨浪鼓、摆积木、手工、绘画等都要以提高手眼协调性、准确性、灵活性、速度为基本目标。随着年龄的增长，就要从体育活动的角度来组织活动，以提高身体的各种素质、锻炼性格和意志为基本目标。

第七章　孩子的活动是聪明的 "营养基" 和 "转换器"

　　孩子有较好的遗传基因，孩子又有较好的生活环境和教育条件，并不能保证孩子就很聪明。因为环境和教育的要求不能单方面决定孩子的发展，而是环境和教育的这种影响要转化为孩子的需要，并通过孩子自身的各种实践活动才能使孩子更聪明。孩子对环境教育的影响也不是机械地被动地接受的，而是通过自己的意向有选择地进行反应。只有通过他选择的有兴趣的活动，才能使自己的智慧真正得到发展。所以，我们称活动是孩子聪明的 "营养基" 和 "转换器" 就是这个道理。任何良好的环境和教育，离开了孩子自身积极主动的活动是无法发挥其作用的。现在有许多家长主观愿望非常好，今天想这个办法，明天出那个主意，逼着孩子去学习，可是孩子就是不愿意按照家长设计的蓝图去行动。其最重要的原因之一就是没有把孩子看作是一个活动的主体，没有充分激发他的积极性，并通过活动来促进孩子的发展。怎样才能更有效地组织孩子的活动呢？

一　要正确地认识和满足孩子的需要

人的任何行动都是由某种需要进行支配的。你要孩子通过活动来发展智慧，首先就要了解并满足他有哪些方面的需要。孩子出生后有天然的好奇、求知的需要。当他还没有学会说话时，只要他在清醒状态下，他就会东转西望，不论什么东西他都会感到新鲜和好奇。当他基本上学会说话后，就要问："这是什么？""哪是什么？"的问题了。当孩子到了4～5岁时，由于他已认识了许多事物，便不满足于一般的了解事物的表面现象；而是要深入去探索事物之间的相互关系和事物内部的本质特征。因此，这时候，他便提出"这是为什么？""那将怎么样？"等问题。如果我们的家长能了解孩子在不同年龄所出理的不同需要，注意经常带孩子到外面玩，认识种种自然和社会现象，孩子种种求知欲的需要就可以不断地得到满足，智慧水平也就可以逐步得到提高。

我们说满足孩子的需要，是指求知方面的需要，而生活中的需要则要恰当地处理。正确的可以满足的需要应给予满足。正确而暂时不能满足的要求则要说明，让他学会等待和克制自己。既不正确又不能满足的需要，不仅要说明让他打消这种念头，而且要讲清利害关系，让他不再出现这类的需求。许多独生子女家长正是在这方面处理不当，才酿成了孩子任性的不良性格。

对于孩子的求知探索需要，一定要耐心正确地引导并给予满足，而不能简单粗暴地训斥孩子。否则孩子的创造火花就可能被扼杀在摇篮之中。

145

二　要尊重孩子的人格

孩子从2～3岁起，随着独立自主性的增强，自我意识的形成就已经萌发了自尊心，希望得到家长更多的鼓励和赞赏，不喜欢家长更多的包办代替和按家长的意愿行动。由于我国传统文化的影响，封建式的家长作风在家庭教育中根深蒂固。家长与子女的这种关系变为统治与被统治的关系，而不是把孩子看作是社会（或家庭）成员之一，平等相待。因此，不考虑孩子的主观愿望如何，往往采取命令的方式，强制孩子按家长的意图办事。一旦当孩子的行为违反了家长的意愿时，就对孩子进行训斥仍至惩罪和打骂。这种伤害孩子人格的做法不能实现家长所期待的目的；相反地，由于孩子的心灵受到了创伤，有可能会形成孤僻、倔犟等不良性格。现在许多家长以"恨铁不成钢"的粗暴态度来对待孩子的学习，导致孩子成绩上不去，反而有下降趋势就是因为家长的这种做法会伤害了孩子的感情，造成情绪波动，从而导致内分泌的失调，影响智力活动的正常进行。

我们不能因为孩子小或是自己的儿女就认为可以随便摆弄。我们应该把孩子看作是社会（家庭）中的普通一员，享有和成人一样的人格尊严、和成人一样的平等生活。这样才可能通过生活和活动去培养和发展孩子的独立自主精神，为孩子的智慧发展，创造能力的培养准备良好的土壤。

三　要注重培养孩子的学习兴趣

任何人都是如此，越是感兴趣的东西越愿意花时间去学习，越感兴趣的活动越主动积极参加。所以，要想通过学习活动来发展孩子的智力，就越要注重从小培养孩子的学习兴趣。

孩子的好奇心和求知欲是培养学习兴趣极为有利的条件。只要家长能抓住这点，孩子的学习兴趣是不难培养的。研究认为，把孩子的好奇心和求知欲发展为学习兴趣，是以活动的成功为基础的。如果孩子在探究事物的奥秘中总是成功，他就可以从中得到心理上的满足，进一步巩固和发展他的探究心理并转化为学习兴趣。相反地，如果他总是在学习中失败并受到批评指责，他就会对学习失去信心，产生厌恶学习的心理。经验证明，婴幼儿期的学习兴趣，不仅可以使孩子将来能更好地适应入学环境的要求，而且可以通过课外小组活动的形式，使课外学习兴趣逐步发展成为职业兴趣、职业理想和高尚的理想。从而反过来又能促进、调节、控制孩子智力的发展。爱因斯坦说："兴趣是最好的老师"，不仅表明兴趣可以为孩子的发展指明方向，而且还可以不断地促进孩子的智力发展。

不重视孩子学习兴趣的培养，就不可能培养多才多艺的各种人才，也不可能使孩子在学习道路上不断前进。这是过去教育的弊端之处。但是，注重孩子的兴趣又不能成为兴趣主义倾向，一切都以孩子自发性的兴趣为标准来组织活动。孩子的学习兴趣不是自发地形成，也不是强制下发展的；而必须让孩子在良好的情绪状态下通过家长的诱导而产生。

147

四　玩具是孩子的天使

孩子的活动不能像成人一样静坐而思，而必须是以某种事物为中介。玩具正是孩子活动的天使，它总是伴随着孩子度过美好的童年。

玩具所以被孩子所喜爱，其原因有：①玩具是一种具体的事物，与孩子的认识发展处于动作感知阶段水平相适应的；②玩具一般都具有彩色鲜艳、有声响、会活动、可操纵等特点，因而能引起孩子的兴趣、集中注意力；③除乳儿期的玩具外，一般都具有变化多端无固定形状等特性，与孩子们的好奇心与探究心理相适应；④玩具是孩子满足自己参预成人社会生活、学习各种操作技能的一种手段；⑤玩具还可以满足孩子的求知欲；⑥玩具还可以磨炼孩子的意志力。

玩具的种类很多，我们不能认为只有智力玩具才能开发孩子的智力，其它种类的玩具只要利用得当，同样可以起到启迪孩子智慧的作用。在孩子玩具的使用上应注意4个问题。①不要认为越是高档玩具越能开发孩子的智力。高档玩具由于价格高，家长往往会对孩子玩这种玩具采取过份限制的办法，在一定程度上会阻碍孩子积极性的发挥，影响智力发展。②玩具的复杂程度要与孩子的智力发展水平相适应，年龄小的孩子用过于复杂的玩具或年龄大的孩子用过于简单的玩具都会影响孩子活动的积极性，不能发挥玩具在智力开发上的功能。③在条件许可的情况下，适当地买一些理想的玩具是可以的，但是，更应注意利用家庭中的各种废旧物品来自制儿童玩具。既可以家长自己做，也可以指导孩子做。这不仅仅是从经济价值上考虑，更重要的是能培养孩子的创造精神和动手能力，有利于增强孩子的自信心和进取心。④在利用玩具引导孩子进行活动时，不要禁止孩子去玩各种自然物体，如水、泥、沙。由于水、泥和沙没有固定的形态，而且可以任意控制和玩耍，能最大限度地满足孩子的求知探究欲望，所以孩子们特别喜欢玩水、泥和沙。这对发展孩子的动手能力和想象能力也是很有好处的。

　　要充分利用玩具来促进孩子的智力发展，必须选购或自制出好的玩具。研究认为，好玩具应具备如下特点：①能激发好奇心、探究欲、想象力和创造力；②能发展孩子的认知能力（包括感知觉、注意、记忆、思维等）、生活能力（知识技能、兴趣、态度等）；③安全、卫生、结实；④好玩，能吸引孩子；⑤能提供与其它小朋友共同玩耍、游戏的机会，而不是与他人隔离；⑥具备多功能，对孩子有多方面的发展作用；⑦使用方法灵活、简便，不受单一方法的限制；⑧玩具的价格与功能的大小应基本相符，而不要误认为玩具越贵作用就越大。

　　有了好玩具，家长还要善于引导孩子主动玩，而不应该按家长自己的经验去束缚孩子的思想和玩的方式方法。家长更不应该以包办代替的方式玩。孩子只许看，不许动手玩的方式不是好的指导方法。

五　游戏是孩子的乐园

　　婴幼儿的学习活动和智力开发所以要以游戏为主，是因为游戏活动具有多功能的特点：①游戏是一种不断变化的动态过程，它可以不断地激发孩子参加游戏活动的需要和兴趣；②游戏本身具有强壮体格的作用，它可以满足孩子活动的需要，促进大小动作的发展；③游戏过程又是一种解决阿题的过程，要迅速准确地解决问题才能取胜。所以游戏又可以起到锻炼思维、发展能力的作用；④游戏过程是儿童社交活动的过程，特别是在角色游戏中不仅可以学到知识、发展能力；而且可以学到许多行为规范，懂得人际交往中的一些原则和处理好人际关系的一些技术和方法，有利于良好道德品质和人格的形成；⑤游戏是成人社会生活的写照，反映了成人社会生活的某个侧面，有利于孩子学会独立生活并适应社会生活的要求，完成角色的社会化。可见游戏是孩子学习的一门综合性课程。有的家长由于不了解孩子的特点和游戏的作用，只看到识字可以促进孩子的智力发展。因此，把孩子整天关闭在家庭生活圈子内，强迫孩子识字，剥夺了孩子天然需要——游戏活动；使孩子的性格畸形发展，对识字产生了厌恶心理或恐怖症。现在有许多家长反映，孩子到了3岁左右就不愿意识字，这就是因为在孩子3岁前，剥夺了游戏而强行长时间识字所造成的心理偏异现象。

当然，我们说的游戏活动重要，并不是要以此取代一切活动，更不是盲目地放弃引导的放羊式的管教。

现在，有许多家长和幼儿园，把角色游戏作为幼儿唯一的游戏方式也是不妥当的。应根据儿童发展的需要组织多种多样的游戏活动才有可能促进幼儿的全面发展。

六　同龄伙伴的魅力

孩子有一种天然的群集感。当孩子学会了说话、走路之后，他就要主动地去找小伙伴玩。有的家长怕自己的孩子吃亏，往往禁止自己的孩子和别的小孩、特别是年龄比自己孩子大或性格比较粗犷、进攻性比较强的孩子玩。或者是不准自己的孩子和年龄小的孩子玩，认为他没出息。这种种清规戒律并不能束缚孩子的行动。一旦家长不在眼前，孩子们便玩在一起了。因为他们之间有共同的需要和语言，彼此之间能够相互理解和协调。许多实验证明，如果孩子（成人也如此）长期处于与世隔绝的剥夺环境中，不仅会引起情绪上的不安，烦操；而且整个心理能力都会下降，最后可能导致精神异常。现在许多独生子女胆小、怯弱、孤僻，主要是由于单家独户的"斗室"生活过长，而缺乏同龄伙伴玩耍所造成的。有的实验证明，孩子个人单独完成任务的效率往往低于一群孩子在一起时的效率。因为孩子们在一起时情绪比较愉快，而且有一种潜在的竞争意识，激励着他们努力工作。我们还可以在日常生活中发现，有的孩子在一起玩时，可以达到废寝忘食的程度，就在于同龄伙伴具有一种极大的魅力在吸引着，同龄伙伴的一句话往往比家长几十句话还顶用。

孩子在一起玩，不可避免会发生口角乃至打架。按照成人的规矩这是不好的，应尽量避免或反对。但从心理学的角度看，这是可以理解的，因为孩子的认识水平不高、情绪易激动，还不能很好地控制自己的行为。从孩子的认知能力和人格发展上看，吵架或打架则又是有益的。吵架是一种思维的交锋，是斗智，是孩子的一门必修课程。谁想吵赢，谁就得动脑筋想办法。谁的智慧水平高，谁就可能吵赢。吵输的孩子并不服输，会总结经验教训，找到自己的缺陷并想法弥补自己的不足，努力在以后的吵架中得胜。所以，不管是赢还是输的孩子，其思维能力都可以从吵架的过程中得到锻炼。孩子打架不仅是对孩子体力的考验，也是智慧灵活性和性格果敢性的检验，是孩子学习如何谦让、容忍他人，控制自己的一个机会。人们之间的这些容忍、谦让、分享、自制等良好人格品质往往都是在孩童时代的打架、冲突中学会的。孩子之间吵架、打架是不像成人一样记仇的。他们没过一会儿又和好亲热地一起玩耍就是这个道理。可见，孩子吵架、打架也是儿童社会化的一种方式。不过，我们也应注意到，对孩子吵架、打架处理不好，也可能带来如下不良

151

后果：①输者也可能离群索居；②可能助长输者的报复心理；③可能助长孩子的依赖性。因此，正确的处理方法应该是：①冷静地客观地观察，不急于进行干预，让孩子自己去解决矛盾；②当孩子不能解决而可能导致激化时，则要先了解情况，设疑提问引导孩子去思考和解决矛盾；③矛盾激化后，要因势利导，转移各自的意向，分清是非，及时解决矛盾。但是，有许多家长，不了解孩子的这些心理特点，也不研究如何掌握解决孩子纠纷的艺术，往往大人自己卷入到孩子的纠纷中去，把问题复杂化，导致种种不良后果。或者限制孩子之间的交往，影响孩子的发展。这是我们家庭教育素质不高的表现。

可见，在开发孩子的智力时，不能仅仅局限在看书、静坐学习等方面；而应该看到，孩子和同龄伙伴在一起玩耍也是开发智力的重要手段，而且孩子从中所学到的这种知识和能力是书本上无法学到的，又是将来对付复杂的社会环境所不可缺少的。

七　要充分利用生活中的"大百科全书"

家庭是社会的缩影，社会上的种种事物和现象在家庭中都可以发现。从这种意义上说，家庭生活又是一部启迪孩子智慧的"百科全书"。许多家庭一谈开发孩子智力就是"识字、识字、再识字"，不知道家庭教育最大的特点就是利用家庭生活这部百科全书来启迪孩子的智慧，把智力开发寓于家庭生活的各个方面。而且这是幼儿园或学校教育所无法取代的作用。从乳儿期的感官训练和认识各种事物到婴儿期认识几何图形、发展空间观念、言语训练、动作发展，再到幼儿期思维能力训练或行为习惯的养成，自我意识和个性的培养，随时随地都可以从家庭生活中找到种种直观、生动有趣的教材。有的家长认为，开发孩子智力要有完整的时间才行。其实不见得。有完整的时间启迪孩子、引导孩子学习固然好。但是家庭教育最大的特点就在于寓教育于生活，充分利用生活过程和零星片断的时间来启迪孩子的智慧。这样不仅孩子不会感到有精神负担和压力，而且效果都比较好。只要家长是一个启迪孩子智慧的有心人，家庭中的任何一种活动或任何一件事物都可以起到启迪孩子智慧、锻炼人格的作用。

八　美的陶冶是智慧的营养

人类的智慧与美感是联系在一起的。在家庭生活中，孩子接受美的陶冶就是开发智力的一种手段。恩格斯把思维比喻为地球上最美丽的花朵。说明人类的美可以孕育智慧；而智慧又可以不断地创造美，而且成为最美丽的花朵。具体说来，在家庭生活中，音乐欣赏、美术创作、环境雅致、心理环境协调、情感丰富，对孩子来说都是一种美的享受和陶冶。这不仅可以在孩子人格形成中起到导向作用，而且对于孩子智慧的发展有不可估量的价值。许多科学家、创造发明家同时又是一个艺术的爱好者、美学欣赏家。然而，现在许多家长却以识字代替一切，把家庭生活变得枯燥、单调和乏味，没有生气、欢乐和笑声。这实际上是扼杀孩子的个性、摧残孩子的智慧之苗。

九　劳动的智慧价值不可忽视

许多家长"望子成龙"心切，认为给孩子的时间越多，他的学习就会越好。因此，孩子从小开始，生活自理的权力被剥夺、一切家务劳动活儿被免除，孩子课余时间的活动被限制。可是，事与愿违。孩子不仅没有充分利用时间去搞学习，倒学会了磨磨蹭蹭的不良习惯。孩子也并没有感激家长提供充裕的时间；相反，却产生了对立情绪，对家长的种种限制和剥夺感到不满。更为严重的是孩子由于缺少必要的劳动活动，独立生活能力和自主精神萎缩了，而依赖性、受暗示性的品质却增强了。由于孩子生活中一切都由家长准备、安排得非常周到，无须孩子作一点努力去克服半点困难。自然，孩子就难于习得克服困难的勇气和毅力。因此，自信心减弱了，而自卑心却严重了。许多家长哪里知道，在劳动活动中所锻炼出来的独立自主精神和克服困难的勇气、毅力以及完成任务的自信心正是劳动的智慧价值所在。因为孩子从小养成了依赖性和暗示性心理时，他在学习过程中就必然缺乏独立自主精神，家长不在身旁就不做作业，学习中碰到一点小问题就去问家长或同学，如果是难题就可能撒手不做。假如形成了这样的学习习惯和思维方式，孩子就缺乏目标和动力，学习亦不可能搞好，孩子的智力也是难于得到充分发展的。所以，劳动也是智力开发的必要手段。

十　社交活动是开发智力的一种重要方式

　　不论是成人还是小孩，社会交往活动是一种非常重要的学习方式，对于孩子来说则是开发智力的良好途径。在日常生活中可以发现，经常被许多人逗着玩的孩子一般说来都比较聪明伶俐、活泼可爱。这是因为每个人都有自己的个性特点和兴趣爱好，每个人的思维方式也是不完全相同的。这对孩子来说，是一种丰富多采的环境刺激物，可以促使孩子从不同的侧面、不同的层次、系统去思考问题、应付环境。在这样的社交活动过程中，孩子的智慧能力自然就得到了锻炼和提高。有的家长、生怕耽误孩子的学习时间，不允许孩子去串门或不带孩子去探亲访友，实际上是剥夺了孩子的一次十分重要的学习机会，在一定程度上会影响他的社交能力和适应社会、解决问题的能力的发展。前面已谈到，人的智慧是一种多因素、多层次、多水平的整体结构。所以，智力开发本身也要全面锻炼，而不应畸形发展。社会交往和适应能力是现代人智力结构中的重要因素。那种把智力开发等同于关门识字读书并和社交活动对立起来的看法是极为有害的。在近期内可能发现不了它的危害；但在孩子成长的中后期，这些弊病和后遗症将会得到充分暴露。这是当前许多独生子女家长不可忽视的一个重要问题。

十一　充分利用电影、电视、广播等大众媒体的教育功能

在信息社会中，广播、电影和电视在启迪孩子的智力方面有着极大的作用。特别是电影电视这种音像设备，形象具体、生动逼真，给孩子以极大的吸引力。有的研究认为，当不足周岁的婴儿看电视时，他们不仅会凝视美丽的图象和五颜六色的画面，而且从中可以学到许多知识和受到不少良好行为习惯的熏陶，以及情感的交流。例如，可以帮助孩子掌握说话的技能和某些动作的能力。有的孩子可以从故事情节中学会如何待人接物，如何养成好的行为习惯等。我们说孩子看电视有利于智力发展和人格形成，并不是说要孩子整天去看电视。美国耶鲁大学心理学家在研究儿童智力发育时，发现孩子长时间看电视会对他们的智力发育带来不良影响。对比研究结果

155

是，不沉缅于电视、而接触社会较多的一组孩子，思维敏捷、想象丰富；相反，经常而且过久看电视的孩子，大多数想象能力差。有关专家还指出，孩子长时间看电视对眼睛亦是不利的。因为，婴幼儿眼睛里面的晶状体尚未发育成熟，牵制眼球运动的睫状肌还很娇嫩，长时间看电视会使睫状肌一直处于持续紧张状态。久而久之，就可能导致眼压升高，眼轴变长，形成"电视眼"。同时，还可能出现头痛、恶心、情绪烦躁等现象。孩子过多看电视还会打乱正常的生活秩序，影响孩子的进食和睡眠，导致消化功能减退。如果孩子迷恋电视过多，会降低孩子对参加其它有益于健康的各种活动，如绘画、唱歌、跳舞、游戏等活动。这对孩子的语言和智力及人格的发展都是不利的。所以，对孩子看电视一定要给予引导，选择适当的位置和内容，控制一定的时间和次数，只有这样，才能使电视真正起到开发智力的作用。

十二 锻炼和使用右脑可以使孩子变得更加聪明

（一）训练右脑的重要性

根据现代脑科学的研究认为，人们在进行思考问题的时候，为了产生创造性想象，必须很好地协调左右大脑的功能。左右大脑的功能是有差异的。左脑最大的特征是有语言中枢，操纵语言，阅读和理解文字、数字、写文章，将复杂的事物分解为简单的要素，按一定的逻辑顺序进行思维加工。右脑的特点是具有较强的感知和形象记忆功能，主持绘画（美术）鉴赏、音乐欣赏。凭借直觉观察事物、纵观全局、把握整体。在类别识别能力上善于从记忆局部事物来抓住整体形象。在图形认识能力上，能将抽象的语言、事物作为一张图来把握。在空间认识能力上，从感觉上认识空间进行立体思维。在形象认识能力方面，善于从创造性出发去扩展事物的形象。如果用形象的比喻来说，左脑是循规蹈距、按部就班、缺乏情趣的人；右脑则是具有反常态性、洋溢着创造欲望、充满活力的人。可见，左右大脑的功能是有差别的。这就要求我们要打破传统教育中只注重训练左脑、不重视右脑训练的弊端。只有左右大脑协调发展，才可能使一个人的聪明才智建立在可靠的物质基础上。

人脑的大部分记忆是将情景以模糊的图象存入右脑，就如同录象带的工作原理一样。信息是以某种图画、形象，像电影胶片似地记入右脑的。所谓思考，就是左脑一边观察右脑所描绘的图像，一边把它符号化、语言化的过程。所以，左脑是负责把右脑的形象思维转换成语言。我们说的创造力，就是把头脑中那些被认为毫无关系的情报信息连结、联系起来的能力。这种并无关联的信息之间距离越大，把它们联系起来的设想也就越新奇，创造性就越强。假如右脑本身尚无存贮大量的信息，创造力就无从谈起。人们的创造灵感的产生，首先要求右脑能在直观的、综合的、形象的思维机能方面发挥作用，并且要与左脑很好配合。所以要使孩子更聪明就必须注重右脑的训练。否则，随着计算机的更新带来的科技信息社会的发展，"左脑型"的人将可能被社会所淘汰，成为无所作为的人。

（二）幼儿期是开发右脑的最佳期

要不失时机地训练孩子的大脑。孩子在 2 岁左右，基本上生活在形象世界之中，孩子到 6～7 岁时，大脑成熟水平虽然已接近成人，但是，言语中枢尚未完成，仍然是以右脑为中心去观察、分析事物，孩子在这个阶段是以形象思维为主的。因此，在此之前，家长要尽早运用各种途径去开发幼儿的右脑。例如，琴棋书画、音乐舞蹈、体操活动等都是训练右脑的有效手段。如果在幼儿期不给右脑予科学的训练，放任自流地让幼儿度过这个重要时期，那么幼儿的大脑就可能发育迟缓。对于一个婴儿，从出生到 3 岁期间，只给予足够的食物、水分，保持其营养状况良好，而不和他进行言语和情感交流，这孩子的后果是不堪设想的。可见，开发右脑切不可失去早期的良机。

（三）开发右脑的基本方法

①用各种可变组合的图形让孩子去观察和判断，以发展孩子的发现能力。孩子能发现隐蔽的图形越多，说明他发现能力越强，右脑功能越发达。

②提供各种零件让孩子进行各种事物的组合活动。如目前的多功能积塑、积木是一种好的玩具，它可以发展孩子的创造形象，开发右脑。

③让孩子进行各种角色游戏，扮演各种社会角色、动物角色，以发展孩子的物体形象思维。

④利用各种无毒气体物质让孩子闭上眼睛去辨别，以发展孩子的嗅觉形象。

⑤通过日常的游戏去训练左眼、左耳的功能，促进左视野和左听觉功能的发展，以促进右脑的开发。

⑥在日常生活和游戏活动中要经常训练孩子用左手玩东西和左脚跑跳等，尽可能使孩子的左手、左脚逐步从迟钝变得灵活自由和娴熟，以促进右脑的发达。

⑦利用扑克牌找对子或下棋，可以培养孩子的直观图象能力和形象记忆能力，对于发展右脑的整体能力极有好处。

⑧在日常交谈和讲故事、猜谜等活动时，家长应坐在孩子的左侧或左视野，以便更好地刺激右脑，以达到最佳的教育效果。

⑨选择一些悠扬悦耳的音乐给孩子欣赏，可以促进右脑的发展。

⑩在带孩子去参观游玩回来后可让孩子画记忆画或各种想象画。

⑪数字游戏、计算活动也是开发右脑的有效途径。

总之，在孩子的日常生活中，只要家长有意识地注重孩子右脑的开发，有许多东西和机会是可以利用的。能善于利用大脑，充分发挥大脑功能的人一定可以成为一个超群出众的人。

第八章　聪明与人才之间不能划等号

一　聪明人将来不一定能够成才

一个孩子聪明，将来就一定可以成才吗？不，不一定。一个孩子将来能否成才，受许多主客观因素的制约，而聪明仅仅是成才的重要因素之一。

美国心理学家特孟对天才儿童进行过长期的追踪研究。他把小时候智商都在140以上的天才儿童一直追踪到他们成年时，然后将他们之中最有成就和最平庸的人分为甲、乙两组进行了比较分析。结果发现，造成甲组有成就和乙组没有成就的家庭因素主要有：①甲组的父亲半数是大学毕业生，乙组的父亲只有15%是大学毕业生。②甲组兄弟姐妹大学毕业的是乙组的兄弟姐妹的两倍。③甲组家庭的估计藏书数量比乙组家庭几乎多50%。④乙组父母的离婚是甲组父母的两倍以上。如果从其本人的心理品质上看，这两组人在童年期，在情绪的稳定性、社会顺应和各种人格特征方面都有明显的差别。由父母和教师评定的25种心理特质的等级中，甲、乙两组唯一相同的特质就是一般健康状况。甲组的优势在四种心理特质上特别明显：谨慎、自信、坚持性和进取心。甲组在领导能力、群体中的威信和对表扬或批评的敏感性的评定上也显著高于乙组。随着年龄的增加，学历水平的提高，即从小学到中学再到大学这些差异越来越大。过二十年后，由妻子、父母和本人三方面单独对两组人的12种人格特征所作出的评定结果完全一致。甲组中最优于乙组的人格特质是：自信心强、没有自卑感；目标明确而一致；坚持性好；常识丰富，成就动机水平高。可见，智慧与成就之间是不能划等号的。孩子小时候聪明，将来不一定就可以有成就。从某种意义上说，孩子将来能否有成就，在很大程度上取决于他是否从小就具有良好的非智力因素品质。

二　非智力因素可以调节控制智力发展的方向、速度和水平

为什么非智力因素能够左右一个人的智力发展和成就的高度呢？这是由一个人的心理的整体性特点所决定的。一个人要想达到自己预期的目标，必须靠个人的两种系列的心理因素同步发展和协调活动。一种是动因系列或动机系列，即激发个人行为的内部动力，有人称它为内驱力。例如，个人的需要、兴趣、志向、理想、信念、意志、情绪等心理因素都可以归属为动力因素。它们起着启动、引向、控制和调节人的行为的作用。没有这种"力"就谈不上"动"，更不能按照一定的目标坚持不懈地努力。再美好的愿望也只能是空中楼阁。另一种是心理技术因素系列，即达到目标的活动过程中所需要的智力、知识，以及智力活动方式、各种能力等。它们是顺利地

161

完成任务所不可缺少的技术手段和智力技能。一个人如果没有必要的知识、技能和各种能力，即使有再强的动力、再高的理想，同样也是不可能达到预期目标的。所以，良好的动因（非智力因素）与高水平的智力这两种系列的心理因素的同步发展、协调活动是人才成长的重要的心理规律。因为孩子的非智力因素可以制约其智力发展的方向、速度和水平。在我们的社会主义国家里，任何一类人才的培养，如果违反了这条心理规律，都不可能达到理想的结果，更难于实现"多出人才、出好人才"的目标。

三　聪明仅仅是现代社会对人才规格要求的一个重要方面

随着科技的进步，社会的发展，对于人才的要求也起了很大的变化。我国的教育体制改革决定，对于人才的要求提出"有理想、有道德、有文化、守纪律，热爱社会主义祖国和社会主义事业，具有为国家富强和人民富裕而艰苦奋斗的献身精神和不断追求新知识、具有实事求是、独立思考、勇于创造的科学精神"的总目标。美国科学院院长、著名现代化问题研究专家莫克尔斯教授认为，现代化社会的人才应具有如下特质：①时间观念强；②分配公正；③善于计算；④重视技术技能；⑤具有效能感；⑥有革新意向；⑦乐于接受新事物；⑧尊重人；⑨鼓励发表意见；⑩信息灵通；⑪乐观主义；⑫计划性强；⑬关心人类；⑭有信任感。现在美国幼儿教育方面也提出了比较全面的十大教育目标：①在独立中成长，使幼儿感到自己是个独立的个体；②学会将情感给予家庭内外的同龄伙伴和成人，或者与他们分享这种情感；③学会与他人相处，学会交往，学会与他人合作，能关心他人、小组乃至班级；④培养自我控制能力，能作出正确的判断；⑤不抱有性别差异的偏见进行学习；⑥学会和练习发展大、小肌肉运动的技能；⑦认识身体结构，使他们自己有照顾自己身体的愿望；⑧认识和掌握自然界的知识，鼓励幼儿的好奇心，培养他们思索问题和运用各种信息的能力；⑨学习新词汇，理解别人的说话；⑩培养幼儿对世界及其相互关系的积极感受。其它国家都强调幼儿教育的全面要求。日本著名幼儿教育专家井深大说："二十年过去了，社会发生了变化。我强烈地感到，迄今的教育仅把教育焦点集中在智力方面，只追求了'一半的教育'，而忘却了培养精神或树人的'另一半教育'。如果从早期开始进行智力教育，肯定会培养出英才或秀才。但是，我发现，如果从增强智力的目的出发去进行'幼儿教育'则是错误的。总之，最重要之处，并非培养以知识为中心的能力，而应从培养精神、培养品德开始。我要再三强调的是，要把被忘却了的'另一半教育'置于首位，而可以把智力教育放在第二位。"近几年来，国际教育各类组织在各种会议上也在呼吁要扭转"智能中心主义的倾向"。

可是，在当前的学校教育和家庭社会教育中，对于忽视非智力因素的培养而带来的严重后果还没有引起一些老师和家长的足够重视。他们在自己的实际教育工作中，仍然是"重智轻德"，反复地大量地对孩子灌输"智育第一主义"的思想，使孩子的学习偏离人才培养的正确轨道。甚至有个别同志还提出"零岁识字、三岁扫盲"的口号为"片面追求升学率"推波助澜。其实，一个人再聪明，智力水平再高，若无良好的非智力因素的品质，不仅不能达到高成就的目标，有时会断送自己的前途，给国家的建设、社会的安定团结带来不良后果。这种事例在现实生活中是屡见不鲜的。据报道，有位少女才能出众，初中阶段是优秀生，各门功课的成绩均名列前茅。

163

她常常幸福地憧憬着自己的未来，在不久后的初中升高中考试中，由于只差三分的成绩未被重点中学录取而被分配到一般中学就读。她把这种升学失意和挫折看得过于严重，认为自己的理想破灭了，感到前途渺茫。从此，她厌弃学业，流浪街头，与一些"流氓阿飞"鬼混，最后被判三年徒刑。显然，这并不是因为这位少女的智力水平不高，而是她的非智力因素的缺陷，心胸狭窄、意志薄弱、自控力差、缺乏高尚的理想与情操。这就给自己的健康成长带来灾难性的影响，走上了老师和家长所期望的相反的道路。据报道，武汉大学物理系二年级的一位高才生因盗窃罪被捕入狱的事例同样说明，在今天强调培养人才、开发智力、重视儿童的早期教育的情况下，如果把人才简单地等同于聪明人，把儿童的早期教育只看作是开发智力，而忽视儿童非智力因素的心理品质的培养，都是非常危险的。它不仅给儿童日后的发展埋下祸根，给家庭的幸福带来冲击，而且也会给国家的四个现代化建设、民族的发展造成难以弥补的损失。

这就是我们在探索孩子聪明的奥秘在哪里首先必须明确的前提，也是怎样使孩子聪明的指导思想。

结束语

　　读者看到这里，孩子聪明的秘密可算是揭开了。然而，这仅仅是在理论上的，而具体到每对青年夫妇要使自己的孩子更聪明，还得靠自己去运用这些理论和方法去指导自己的生活实践，把握好孕前准备、高潮受孕、孕期保健、孩子的优养和优教这几个时期，用科学的方法去启迪孩子的智慧，培养孩子良好的人格和品德。这样，您就可以把自己望子成龙的愿望转化为现实，您的孩子必将会成为一个有用人才。